고뇌와
번민,
사람의
미래다

고뇌와
번민,
사람의
미래다

사람과 신 그리고
산 위에 밝은해 지음

지식공감

고뇌와 번민 속에서 답을 찾다!

비교적 어린 나이 때부터 고뇌와 번민이 있었습니다. 제 주변 세상이 이해가 안 되었고, 사람은 동식물에 비해서 특별히 다른 존재라고 모두 당연시하고 인정하는데 도대체 뭐가 특별히 다른지 몰랐습니다. 하지만 그때는 '제가 어려서 모르는 것이고 나중에 크면 알게 되겠지.'라고 생각하고 그냥 책이나 읽으면서 조용히 학교를 다녔습니다.

독서가 많은 도움을 주었지만, 제가 원하는 답을 찾지는 못했습니다. 조금 더 성장하게 되면서는 사람과 세상을 바라보면서 학교도 다니고 회사도 다녔지만, 변함없이 동일한 상태가 계속되었습니다.

그래서 다음 단계로 세상에 더욱 주도적으로 뛰어들어서 더 넓은 세상의 다양한 사람들과 직접 부딪히면서 속 시원한 답을 찾았지만, 특별히 달라지는 것은 없었습니다. 계속 책을 보기도 하고, 인터넷 시대에 맞게 블로그와 동영상 사이트에서 명상, 종교, 형이상학과 같은 철학과 관련된 여러 사람들이 쓴 글을 읽고, 시청하면서 다양한 지식과 시각이 존재한다는 것도 알게 되었습니다. 그럼에도 불구하고 인간과 세상에 대한 궁금증은 여전했고, 고뇌와 번민과 의구심도 크게 달라지지 않았습니다.

꼭 절대적인 진리가 아니더라도, 개인적으로 이해가 되고 공감되면서 머릿속과 가슴이 시원해지는 논리나 설명은 없는 걸까? 명상, 종교, 형이상학적 철학의 정보가 세상에는 다양하고 방대하게 넘쳐나고, 역사상 수많은 분들이 많은 수행을 통해 자료를 남겼는데, 왜 나의 머리와 가슴은 시원하게 해결되지 않는 걸까?

'나만 그런가?'라는 생각도 들었습니다. 그러나 하루하루를 살아가는 수많은 사람들 역시 기술과 물질이 고도화되는 시대 속에서 넘쳐나는 수많은 정신적 가르침이 있었지만, 고뇌와 번민이 줄어든 생활을 하는 것 같지 않았습니다. 아니, 오히려 더욱 고뇌하고 번민하는 것처럼 보였습니다.

그래서 '혹시 기존의 명상, 종교, 철학의 전제나 바탕이 되는 사상이 한계가 있는 것은 아닐까?', '특정한 고정관념이 전제되어 있어서 진보가 일어나지 못하고 있는 것은 아닐까?'라는 생각을 하게 되었습니다. 기존의 가르침의 방향이 올바르다면 왜 많은 사람들이 변함없이 고뇌하고 번민하다가 인생의 덧없음을 느끼면서 갈등하고, 집착하고, 허무하게 인생을 마무리하는 상황이 이해가 되지 않았기 때문입니다.

그러던 중 차츰차츰 새로운 관점으로 세상을 바라보게 되었고, 그러면서 점차 고뇌와 번민이 사라지고, 이해가 되기 시작했습니다. 그래서 이 책에서는 기존의 설명과는 다른 개념을 적용하여 설명하고자 했습니다. 그것은 지금까지의 "본질적인 자아(自我)", 진아(眞我) 또는 "참나"는 존재하지 않는다는 것입니다. 그러나 기존의 종교가나 철학자는 거의 모두 인간의 내면에 존재하는 "진아"의 개념을 인정합니다. 그래서 "천국", "윤회" 또는 "깨달음"의 개념이 존재합니다. 석가모니 부처님이 "무아(無我)"를 설명했지만 "제법무아(諸法無我)"라는 명제로 "무아"를 설명한 것이고, 윤회를 부정하지 않았기 때문에 많은 불교인들은 무아의 개념과 동시에 깨달음과 윤회의 주체인 진아도 인정하고 있습니다.

다른 것은 틀렸고, 이 책에서 설명하는 방향만 옳다고 말하는 것은 아닙니다. 이 책에서 이해되는 방식이 모든 사람들에게 설득력이 있다고 주장하고 싶지 않기 때문입니다. 참고나 도움이 되고 안 되고는 이 책을 읽으실 독자분의 몫이라고 생각합니다. 다만, 다르게 생각해 보는 계기가 되기를 바랄 뿐입니다.

사실 필자는 실증주의자에 더욱 가까운 성향입니다. 그러나 반대로 이 책은 과도하게 상상의 나래를 펼친 것으로 보일지도 모르겠습니다. 그리고 이 책의 어느 부분은 설명이 중첩되거나 반복되어 있습니다. 아무래도 낯선 새로운 개념을 소개하고 있으므로 설명하고자 하는 의미에 대한 혼돈이 발생할 여지가 많아서 될 수 있으면 여러 가지 각도나 다양한 적용 사례를 조금씩 달리하여 반복해서 설명했기 때문입니다. 본문 중에 소개하는 여러 가지 개념이나 예들은 생각나는 대로 적은 것이 아닙니다. 오히려 지금 이 순간에 필자나 다른 사람들 그리고 세상에서 벌어지는 모든 눈앞의 움직임에는 근본적인 우주의 법칙이 항상 적용되고 있으며, 그 법칙을 이해하면 우리가 살고 있는 현상계(現象界)는 물론 보이지 않는 세계나 절대계(絶對界)도 동일한 법칙이 적용된다고 설명하는 것입니다.

영혼의 세계든 절대적인 신의 세계든, 지금 우리의 세계와 관련이 없는 것은 의미도 없을뿐더러 존재할 수도 없다는 믿음으로 이 글을 썼습니다.

사람과 신 그리고 산 위에 밝은해

고뇌와 번민,
사람의 미래다

◀ ◈ 1부. 인간만이 다르다

⊙ ⋮2부. 기존의 생각들

◣ ⋮3부. 미래에 필요한 새로운 시각

고뇌와 번민,
사람의 미래다

죽더라도, 알고 죽어야 한다

자살하면 손해다!

지금 이 순간에도 적지 않은 사람들이 자살을 선택하고 있다. 그 숫자가 늘었으면 늘었지 줄지 않는 상황에서 사회는 "자살은 죄다!", "자살은 정당화될 수 없다!"라는 말만 반복하고 있다.

그러나 앞으로는 이러한 자살자의 숫자를 능가할 만한 '안락사'나 '존엄사'도 크게 증가할 것이다. 자살을 죄라고 하든 정당화될 수 없다고 말하든, 시간이 가면 갈수록 자살과 안락사는 증가하는 추세다.

그러나 자살하면 본인만 손해다! 그뿐만 아니라 안락사나 존엄사도 본인만 손해다.

우선, 꿈 이야기부터 시작한다.

몸은 물질이다. 정신은 비물질이다.

원래 물질과 비물질은 전혀 상관이 없다.

사람이 깨어서 생활할 때는 정신이 몸을 사용하여 활동한다.

그래야 몸이 안전하게 운용되고 보존이 된다.

이제 쉴 시간이 된다.

잠을 잔다.

꿈을 꾼다.

꿈에서는 언제나 내가 주인공이다.

꿈에서 나는 산을 오르거나, 운전을 하거나, 여행을 가거나, 사람을 만나거나, 어려움에 처하거나 여러 가지를 다양하게 한다.

꿈에서 가끔 하늘을 날거나 이상한 상황에도 빠진다.

꿈에서의 내가 실제 생활보다 더 여러 가지를 하는 것 같다.

꿈에서 나는 실제와 같이 나의 몸을 가지고 있다.

꿈에서 나의 몸이 없거나 기체와 같은 모양으로 다니지는 않는다.

꿈에서 깨어난다.

이상하다?

몸은 물질이다. 그냥 누워 있었다.

꿈은 정신으로만 진행되었다.

꿈에서 나는 골목길을 걷고, 건물에 막혀 돌아가고, 나무에서 떨어지기도 한다. 그러면서 힘들어하고 아파도 한다.

꿈을 꾸는 정신은 비물질인데 가상의 꿈의 세계에서도 물질적인 경험을 벗어나지 못한다.

꿈에서 나는 비물질이므로 사실 어떤 물질의 장벽이 존재하지 않는다. 그런데도 그렇게 못한다.

꿈에서 나는 꿈속의 가상 물질에 제약을 받는다.

이제 스스로 생각해 보자.

내가 만약 지금 죽으면 몸이 없으니 정신은 어디로 갈 것 같다.

그 정신이 과연 죽는 즉시 물질적인 관념을 벗어날 수 있는가?

만약 못 벗어난다면 죽기 전에 집착했던 가상의 상황 속에서 또 열심히 뛰어다니고 피하고 돌아다녀야 한다.

그게 귀신이다.

자살을 한다면 마음속에 아쉬움이나 불만이나 공허함이 큰 상태일 텐데, 그렇게 죽으면 어떤 상태로 돌아다닐지 예상된다. 안락사 후에도 아픈 가상의 상황에서 정신이 계속되면 문제다. 존엄사도 안락사와 다르지 않다.

자살을 하든, 안락사를 하든, 존엄사를 하든, 그건 최종적으로 개인의 선택이다. 그러나 죽어서도 동일한 가상의 안 좋은 상황에서 정신이 유지된다면 그것은 바람직하지 않다.

자살, 안락사, 존엄사 중 어떤 것을 선택하든 죽기 전에 조금의 시

간이라도 나의 내면의 문제와 근원의 문제에 접근하고 노력을 하고
죽음을 맞이해야 한다. 그렇지 않고 그냥 죽어버리면 죽음 전과 비
슷한 힘든 가상의 상황에서 이미 죽은 자가 죽을까 봐 두려워하면서
힘들게 계속 뛰어다녀야 한다.

그래서 자살하면 당신만 손해다.

고뇌와 번민,
사람의 미래다

1부를 대표하는 그림, 〈고뇌하는 인간〉은 영(靈)으로 인해 에고에서 '고뇌와 번민의 영역'이 발생한 모습을 표현하고 있다. 에고만 존재하는 동물과는 달리, 〈고뇌하는 인간〉에는 에고는 물론 인간만의 특징인 고뇌, 영이 모두 표현되어 있다. 그림으로 설명해 보면, 보이지 않지만 파란색 직각삼각형 바탕에 있는 흰색 정사각형은 '기본 에고'이고, 직각삼각형(파란색 직각삼각형)은 '고뇌와 번민의 영역', 그리고 원형은 '영'이다. 원형(영)과 직각삼각형(에고)이 서로 떨어져 있다.

1부

인간만이

다르다

고뇌와 번민,
사람의 미래다

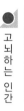

빈손으로 왔다가

빈손으로 가는 인생?

흔히 인간의 인생을 '빈손으로 왔다가 빈손으로 가는 덧없는 인생' 이라고 표현한다. 이 말은 고려 말 고승(高僧) 나옹화상(懶翁和尙)의 누나가 지었다는 「부운(浮雲)」이라는 시에 나오는데, 이와 유사한 표현이나 생각이 동양이나 서양에서 광범위하게 받아들여지고 있다. 만일 이런 생각이라도 많은 사람들이 진지하게 믿는다면 세상은 지금보다 욕심을 부리는 사람들이 적어져서 조용해질 것이다.

그러나 지금의 세상이 더욱더 시끄러워지는 것으로 보아서는 사람들이 마음속에서 굳게 믿는 것 같지는 않고 그냥 자조적으로 푸념하듯이 말하는 것 같다.

말만 그렇게 하지 대부분의 사람들이 그렇게 행동하지 않는 이유는 그것이 정답이 아니기 때문이다. "빈손으로 왔다가 빈손으로 간다"는 뜻의 '공수래공수거(空手來空手去)'라는 표현은 동물한테는 적합할지 모르지만, 인간에게는 맞지 않는다.

동물이나 식물은 자연적 이치와 법칙에 따라 생겨나서 주어진 법칙에 순응하면서 살다가 사라지지만, 인간은 특별히 다른 이유가 있어서 태어났으며, 죽음을 맞이해서는 태어난 이유를 알고 다시 돌아가야 하기 때문이다.

만약 인간이 동식물과 마찬가지로 아무런 이유 없이 태어나 살다가 죽으면 모든 게 종료된다고 믿는 사람이 있다면, 그에 동의하지는 않지만 반박하고 싶은 생각도 없다. 그런 생각을 가진 사람은 그런 마음으로 주어지는 환경에 적응하면 된다고 생각하기 때문이다.

그러나 인간은 동물과 다르다는 것을 인정하지 않을 수가 없다. 뇌가 크고, 문화를 가지고 있으며, 과학기술이 가능하다는 점 때문만은 아니다. 인간은 고뇌와 번민을 갖고 태어나서 죽을 때까지 고뇌와 번민이 유지된다는 점에서 개나 돼지 같은 동물과 큰 차이가 나며, 그것이 미래의 인공지능(AI)과도 다른 특성이 될 것이다.

인간은 태어날 때는 두뇌나 에고(ego) 활동이 미성숙하여 특별히 의식하지 못한 상태에서 세상에 오지만, 죽어서 돌아갈 때는 자신의 고뇌와 번민을 인식하고 가야 한다.

이렇게 자신을 알고 내면을 바라보면서 죽음을 맞이하기 위해서는 살아가는 동안 열심히 배우고 탐구해야 한다. 그러기 위해서는 두뇌를 효과적으로 사용해야 하고 살면서 발생하는 수없이 많은 크고 작은 일들을 통해서 자신의 고뇌와 번민, 고민과 고통을 원인별로 구분해서 이해해야 한다. 그러다 보면 결국에는 근원적인 고뇌와 번민이 남게 되고, 이렇게 원인을 알 수 없는 내용에 대하여 강한 궁금증

을 가지고 죽음을 맞이하면, 자신이 태어난 이유의 근본적인 원인과
만날 수 있고 이를 결국 해결하게 된다.

인간과 동물이

다른 이유

　인간 주위에 있는 동물들을 관찰해보면, 사람과 같이 기쁨과 노여움, 슬픔과 즐거움의 희노애락(喜怒哀樂)의 감정이 있다. 심지어는 불교에서 사람들이 깨달음의 경지에 이르는 길의 최대 장벽이라고 하는 세 가지의 독(毒)인 욕심, 성냄, 어리석음의 표현인 탐진치(貪瞋癡)와 유사한 습성도 가지고 있다. 발생한 어떤 특정한 일에 대해서 동물이 자기에게 유리한 방향으로 오해하기도 하고, 음식 욕심은 기본이고 화까지 낸다. 즉, 동물은 인간보다는 낮은 수준이지만 생각도 하고, 감정도 있고, 눈치도 있다.

　그러면 자연스럽게 "인간과 동물은 근본적으로 무엇이 다른가?"라는 의문이 생겨난다. 인간과 동물의 가장 큰 차이점은, 인간은 고뇌와 번민을 느끼지만, 동물은 감정이 있으므로 고통스럽기는 하지만 고뇌와 번민을 느끼지는 못한다는 점이다.

자기 자신을

알아야 한다

너무나 많이 들어왔던 소크라테스의 말씀 이외에도 수많은 성인들이 비슷한 이야기를 해왔다. 사람이 큰일을 시작하기 전에 제일 중요한 일은 "너 자신에 대해서 먼저 알고 갖추는 것이다!"라는 이야기이다.

유교를 모르는 일반인도 많이 들어본 수신제가치국평천하(修身齊家治國平天下)라는 말은 "먼저 몸과 마음을 닦아 수양하고 난 후에 집안을 안정하게 유지하고 나라를 다스리고 천하를 평정한다."는 의미이다. '수신'이 몸과 마음을 닦는다는 내용으로써 스스로의 내면인 학문도 잘 갖추고 심성을 잘 닦은 후에야 외부인 집안과 나라와 천하를 운용하는 것이 순서라는 의미이다. 여기서 수신은 심성과 학문 이외에도 자기 자신을 정확하게 아는 것도 포함된다.

그렇게나 많은 사람들이 예전부터 이야기해 왔고, 현재도 계속되는 이유는 자기 자신을 아는 것이 실제로는 안 되니까 계속해서 이야기하는 것이다.

인간세계에서 같은 패턴의 불합리한 사건·사고가 매일같이 벌어지는 상황들이 곧 현재 인간이 얼마나 '자기 자신을 정확히 아는 게 어려운 일인가'를 보여준다.

흔히 자기 자신을 아는 방법으로 독서, 공부, 대화, 사색, 명상, 다양한 경험 등을 이야기한다.

그러나 여기에서는 다른 이야기를 해보고자 한다.

한 개인이 자기 자신을 정확히 알기 어려운 근본적인 이유는 '에고(ego)'라는 특성 때문이다. 보통 알고 있는 것과는 다르게 에고는 인간 스스로의 인식과 완전히 일치하지 않는다. 어느 정도는 인식과 독자적으로 정보를 취사선택하면서 특정한 방향으로 치우쳐 인간을 움직이게 하는 특성이 있다. 그런데 이런 특성과 진행에 대해서 인간은 본인 스스로 인지하기 어렵다는 문제가 있다.

예전에도 에고의 특성을 완전히 이해하지는 못했지만, 문제점이 있음을 느껴왔던 일부의 사람들이 이런 에고의 문제점을 극복하고자 했다. 여러 가지 다양한 방향으로 노력한 결과가 지금의 형이상학적 학문인 철학과 종교, 수련, 명상, 심리학, 정신분석 같은 형태로 발전하게 된다. 그러나 수백 년, 수천 년 계속 에고의 문제점을 해결하고자 노력했으나 결국 오늘날까지도 "너 자신을 알아라!"라는 말을 변함없이 해야 하는 상황이다.

이런 상황이 계속되는 이유는 두 가지로 나누어 볼 수 있다. 첫 번째는 에고의 특성을 사람이 아직 근본적으로 이해하지 못하고 있기 때문이다. 두 번째는 사람이 결국 에고의 문제점을 극복하지 못하기 때문이다.

특히, 첫 번째 이유인 에고의 특성을 근본적으로 이해하지 못한다는 관점은, 에고의 특성과 인간의 인식의 특성은 서로 다른데 이를 한 개인으로부터 나오는 하나의 특성으로 구분 없이 이해하기 때문에 발생하는 것으로 이에 대한 설명은 뒤에서 다시 하겠다.

두 번째 관점인 에고의 문제점은 인간이 몸을 가지고 생활해야 하는 상황에서는 영원히 극복이 안 되는 것이라면 '극복'하기보다는 문제점과 '공존'하면서 이해하는 방식이 자기 자신을 진정으로 이해하는 방법이라 할 수 있다.

만약 인간이 스스로 자신이 의도하지 않은 상황에서도 자기의 에고가 원하는 방향의 정보를 뇌(brain)가 받아서 그것을 스스로 자신이 전부 인식한 정보로 믿고 동작할 수 있음을 알고, 이를 있는 그대로의 자신의 특성으로 파악할 수 있다면 이것은 나 자신을 정확히 아는 것이 된다. 그렇게 되면 에고의 영향이 있는 자신 내면의 생각이라는 가정을 하고 판단과 행동이 가능하게 된다. 이렇게 되는 것 자체가 자신에 대한 인식의 변화가 이미 일어난 것이다.

인간의 인식과 판단에 문제가 포함되어 동작하는 것에 대한 예는 다음과 같다. 인간은 자신의 감각기관과 판단을 통해서 외부와 소통하면서 대응하다가 외부로부터 발생한 특정한 사건에 대해서 에고의 내부적으로 감정적인 반응이 일어나면 우선 외부의 사건을 발생 원인으로 생각한다.

물론 사건은 외부에서 발생해서 해당되는 정보가 감각기관을 통해서 개인의 내부로 들어 왔지만, 정보를 해석해서 감정적인 반응이 일어나는 곳은 자신의 에고이다. 이렇게 초기의 감정적인 반응이 발생하면 다시 감정이 충돌되면서 2차, 3차로 마음속에서 확대된다. 그러나 감각기관에 의존해서 정보를 판단하는 에고는 원인을 내부 감정의 상태가 아닌 외부 자체의 것으로만 판단해 버리므로 이것이 근본의 '무지(無智)'에 해당한다.

동물과 달리 인간의 감정적·정신적 문제는 단순하지 않다. 동물은 1차적으로 반응하지만, 인간은 발생한 문제에 대해서 2차·3차·4차적으로 계속 확대하여 반응하며 그것이 오랫동안 지속된다.

뒤에 인간의 정신 구조에서 기술되어 있는 것처럼 인간의 고뇌와 번민의 영역이 에고에 별도로 존재하는데 이 때문에 에고에서 감정적·정신적 문제가 1차적으로 발생하면 별도의 영역인 고뇌와 번민의 영역과 부딪치면서 다시 2차, 3차로 복잡하게 확대·재생산되면서 오래 지속된다.

인간에게 '무지'라는 것은 흔하게 생각하는 단순히 학문이 부족한 것이 아니다. 인간의 마음이 어떻게 구성되어 내부적으로 연쇄반응을 하는지를 알지 못하고, 단지 경험과 학문과 지식에 의존해서 외부 세상을 바라보고 판단하며 자신이 올바르게 인식하고 있다고 생각하는 그 자체가 바로 '무지'의 상태라고 할 수 있다.

외부적 사건들이 자기 자신 속에서 어떻게 확대 재생산되는지 바라볼 수 있는 것이 바로 자신을 바르게 아는 것이다.

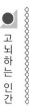
자기 자신을 스스로

준비해야 한다

　동물은 태어나면 자연스럽게 환경에 적응하고 생존 경쟁을 벌이면서 살아간다. 그러면 인간도 동물과 동일하게 태어나고 살면서 문화와 사회 환경에 적응하기 위해서 노력하면서 생존만 잘하고 살다가 죽으면 되는 것일까? 만일 그런 관점만 존재한다면 "사람은 존재 이유가 동물과 다르다!"라고 말할 수 있는 이유가 너무나 미약하다.

　앞에서 인간은 에고에 '고뇌와 번민의 영역'이 특별히 존재하기 때문에 동물과 다르다고 설명했다. 그리고 '기본 에고'와 '고뇌와 번민의 영역' 사이에서 상호 간에 서로 특성의 차이로 인해서 영향을 준다고 이야기했다. 그러나 실제로 이렇게 에고 내부에서의 상호작용에 의해서 감정이 확대 재생산된다는 것을 머릿속으로 이해한다고 해도 실제로 에고에서 이렇게 진행이 일어나는 것을 스스로 알아차리고 과정을 판단할 수 있게 된다는 것은 다른 차원의 일이다. 이러한 단계는 그냥 자연스럽게 생활하다 보면 준비가 되는 것은 아니며 올바른 방향 설정과 많은 준비 과정이 필요하다. 그렇기 때문에 인간은 자기 자신을 준비해야 한다.

예전부터 상식적으로 많이 해왔던 준비를 살펴보면 다음과 같다.

"어릴 때는 부모나 사회로부터 환경에 적응하는 것을 배운다."

"청소년기에는 학교나 친구에게서 외부 지식과 사회 적응을 배운다."

"성인이 되어서는 사회에 참여하여 직접 경험하면서 배운다."

이런 과정과 함께 책이나 명상, 종교 등을 통해서 내면에 대한 관찰의 시간도 갖게 된다. 이러한 방식이 지금까지 우리가 속한 사회에서 주로 해왔던 자신을 준비하는 방법이다.

그러나 이런 방식들과는 다르게 자신을 바르게 알고, 태어난 목적도 이해하기 위해서는 기존 방식과는 다른 각도로 접근할 필요가 있다.

인간이 몸을 가지고 태어난 주요 이유는 두뇌라는 강력한 물질인 하드웨어를 사용할 필요성이 있기 때문이다. 두뇌를 사용하는 대상은 세상을 살면서 벌어지는 수많은 다양한 사건들에 반응해서 발생하는 내면의 감정적·정신적 상태를 인식하면서 분석해야 한다.

그리고 그러한 분석을 통해서 자신의 다양한 고뇌와 번민의 실체를 파고 들어가기 위함이다.

인간은 무지의 상태에서 욕심을 부리고 분노하는 행위를 많이 하는데 많은 종교나 수련에서는 이것을 극복하고 절대적인 마음과 몸이 평온한 상태를 얻고자 아주 오랫동안 추구해 왔다. 그러나 단지 절대적인 평화의 경지를 얻고자 인간이 몸을 가지고 태어난 것이 아니다. 즉, 인간은 태어나기 전에는 원래 몸(물질)을 갖고 있지 않으며 몸이 없으면 에고도 존재하지 않기 때문에 욕심, 분노 그리고 어리석음인 탐진치(貪瞋癡) 그 자체는 인간이 태어났기 때문에 발생하는 것이지 태어나기 전부터 존재하는 특성이 아니다. 따라서 어리석기 때문에 욕심을 부리고 노여워하는 특성인 탐진치를 극복해서 해탈하는 것은 근본적으로 인간이 태어난 목적을 달성하는 것과는 아무런 관련이 없다.

그것보다는 탐진치로 인해서 발생하는 자기 내면의 에고에서 1차적인 반응이 일어나고 그다음 단계로 고뇌와 번민의 영역과의 2차적으로 상호작용하면서 확대 재생산이 지속되는 것을 분석하고 이해할 수 있도록 자신을 준비하고 갖추는 것이 중요하다. 이런 내면적 감정적 충돌 작용만이 동물과는 전혀 다른 인간만의 특성이기 때문에 이것을 이해하는 것이 삶의 목적을 달성하는 유일한 길이 된다.

그래서 인간이 자신을 알기 위한 단계로 가기 위해서는 여러 가지 준비가 필요하다. 예를 들어, 가정적·사회적 교육을 받아야 하고, 그 이외에 내면을 성찰하는 준비도 해야 한다. 그런데 모든 준비를 스스로 할 수는 없고, 가능하다고 해도 그렇게 효과적인 방법은 아니다. 그보다는 그러한 과정을 이미 거친 사람을 스승으로 삼아 그분으로부터 가르침을 받는 것이 좋은 방법이다. 하지만 현실적으로 그런 역할을 해줄 수 있는 분이 주위에 존재하지 않는다. 게다가 설령 그런 과정을 미리 경험한 스승이 존재한다고 하더라도 서로 간에는 다른 점이 존재한다는 것이 장해(障害)가 된다. 예를 들어, 스승은 제자에게 자신이 경험하고 생각하는 욕심과 분노, 무지(어리석음)에 관해서 설명하고, 에고가 어떤 문제가 있는지도 설명해 줄 수 있다. 그리고 자신이 믿는 절대계나 참나를 어떻게 체험할 수 있는지도 설명할 수 있다.

그러나 각각의 개인마다 고뇌와 번민이 모두 다르다. 스승과 제자라도 서로 간에 고뇌와 번민이 서로 다를 수밖에 없다. 왜 다를 수밖에 없는지는 뒤에서 자세히 설명하겠지만, 개개인은 고뇌와 번민이 모두 다르기 때문에 이 세상에 각자 태어나서 존재하는 것이다.

외부에서 동일한 하나의 사건이 발생하면 이에 대해서 스승과 제자라도 각자의 감각기관과 에고의 작동 방식이 다르므로 서로 간에 사건에 대한 반응이 다르게 나타난다. 게다가 스승과 제자라도 에고의 고뇌와 번민의 영역도 다르다. 그렇기 때문에 서로 다르게 가진 고뇌와 번민의 영역과 기본 에고가 부딪히는 상호작용으로 인해 감정의 발생과 인식이 내부적으로 서로 다르게 진행된다.

뛰어난 스승이라 할지라도 상대방의 고뇌와 번민의 영역에 대해서 정확히 알 수 없다. 그러기 때문에 어떻게 내부적으로 확대 재생산되어 변화하는지는 알 수 없다.

이런 이유로 모든 인간은 타인에게 도움을 받을 수는 있지만, 최종적인 내면에 대한 분석과 이해는 결국 스스로 답을 찾아야 한다.

인간과 동물,

모두 에고가 있다

몸은 물질로 구성되고 있고, 이에 반해서 정신은 물질이 아닌 비물질이다. 인간은 크게 보면 몸과 정신 두 가지로 형성되어 존재하고 있다. 인간과 마찬가지로 동물도 몸과 정신으로 구성되어 존재하므로 이 부분은 인간과 동물이 서로 유사하다.

인간처럼 동물에게도 에고가 있을까? 이런 궁금증을 풀기 위해서 우선 인간의 에고부터 살펴보자. 우리 몸은 감각을 느끼면서 존재하는데 이러한 느낌이 일어나는 감각기관으로 불교에서는 '눈, 귀, 코, 혀, 몸, 뜻'으로 말하면서 '육근(六根)'이라고 설명하는데, 이것을 한문으로 표현하면 '안이비설신의(眼耳鼻舌身意)'라고 한다. 눈, 귀, 코, 혀, 몸, 뜻이 색, 소리, 냄새, 맛, 촉감, 뜻 – 색성향미촉법(色聲香味觸法)과 접촉될 때 느낌이 일어난다고 한다.

위의 설명을 다른 각도로 보면, '눈, 귀, 코, 혀, 몸'은 '물질'이고, '뜻'은 '비물질'이다. 이처럼 인간은 '물질'과 '비물질'로 구성되어 있다. 동물도 이 점은 동일하지만, 인간처럼 높은 수준의 정신이 없는 것일 뿐 감정과 판단과 정신을 갖고 있음은 가까이에 동물이 있다면 누구나 바로 알 수 있다.

그러므로 동물도 눈, 귀, 코, 혀, 몸, 뜻을 사용하여 색, 소리, 냄새, 맛, 촉감, 뜻의 대상과 접촉될 때 느낌이 생겨난다.

느낌이 일어난다는 것은 곧 에고를 갖게 된다는 의미이므로, 동물도 낮은 단계지만 인간과 유사한 에고를 소유한다고 할 수 있다.

인간과 동물은 절대계가 있다

인간이 생각하는 '절대계'에 대하여 문화나 종교에 따라서 사용하는 단어가 많다. '우주 근원의 법칙'이며, 종교에 따라서는 '절대신' 자체를 의미하거나, '열반의 세계'나 '절대신의 영역'으로 생각하기도 한다. '참나' 또는 '참나의 자리'라고도 표현한다. 그러나 '참나'는 다르다. 왜 참나가 절대계와 다른 것이라고 이야기하는지에 대한 설명은 이제부터 여러 가지 방법으로 해나가기로 한다.

기존의 절대계에 대한 느낌과 체험의 표현은 대부분 매우 유사하다. "이기심이 없고, 일상의 감각과 에고 상태를 뛰어넘는 더없는 행복과 희열을 찾은 상태이자, 너와 내가 구별이 없는 전체가 하나인 절대적인 상태"라고 대부분 비슷하게 표현한다.

이러한 절대적인 상태를 절대계라고 말한다면, 절대계는 세상 만물과 존재하는 모든 것의 '근원적인 이치' 또는 '근원적인 상태'를 의미하며, 모든 존재를 만들고 유지하는 이치이므로 언제 어디에나 존재하고 모든 것에 적용되는 근원 바로 그 자체이다.

그러므로 절대계는 인간이나 동물이나 식물이나 모든 존재에 동일하게 적용되는 이치이다.

물론 수련과 수행을 통해서 절대계의 절대적인 상태를 경험하는 것은 인간만이 가능하다. 그런데 그 이유가 인간에게만 절대계의 이치가 적용되기 때문인 것은 아니다.

오히려 인간은 자연의 법칙대로 살지 않는 존재이기 때문에 절대계의 체험을 위해서는 먼저 고도의 복잡한 생각을 하고 있는 에고를 넘어서야 한다. 이는 극도의 수련이 필요한 매우 어려운 일이다.

동물은 에고의 기능이 단순하여 자연의 법칙에 순응하면서 살아간다. 자연의 법칙도 절대계의 근원의 이치 안에서 운행되므로 동물은 자연적으로 행동한다. 그러나 인간은 에고의 기능이 고도화되어 있고, 게다가 고뇌와 번민, 사색의 영역이 별도로 존재하는 복잡한 존재로서 자연의 법칙에 순순히 순응하며 사는 존재가 아니다. 별의 별 생각이 머릿속에서 매초 매분 혼잡하게 움직이는 존재이므로 인간은 별도로 고도의 수련을 하지 않으면 '너와 내가 구별이 없는 전체가 하나인 절대적인 상태'를 경험하지 못한다. 만약 동물이 수련을 할 수 있다면 인간보다 몇백 배 쉽게 에고를 뛰어넘어 절대적인 상태를 체험할 수 있을 것이다.

하지만 인간의 입장에서 궁극의 경지라고 할 만한 '절대적인 상태'가 인간이나 동물이 모두 동일하게 적용된다는 주장을 받아들이기는 어렵다. 그 이유는 소수의 수련자나 수행자라도 극도의 노력을 통해서 극소수만이 경험할 수 있는 신의 영역이라는 '절대계'의 경지에 동물도 수련을 못 할 뿐이지 만약 가능하다면 인간보다 더 쉽게 경험할 수 있다는 의견을 받아들이기 어렵다.

그러나 수련자가 마지막에 도달하는 상태가 '이기심이 없고 일상의 감각과 에고 상태를 뛰어넘는 더없는 행복과 희열을 찾은 상태이자, 너와 내가 구별이 없는 전체가 하나인 절대적인 상태'라면, 동물도 야생에서 사냥을 할 때와 도망을 칠 때의 마지막 순간에는 거의 무념무상의 상태이다. 그 상태가 더없는 행복과 희열감을 주는 것은 아니지만, 이때의 동물은 거의 아무 생각이 없고 구별이 없는 상태라고 할 수 있기 때문이다.

그래도 여전히 인간만이 절대계를 갖고 있다고 생각된다면 절대적인 상태에 도달하기 위한 기존의 수련과 수행 방법들을 살펴보면 참고가 될 것이다. 기존의 방법들을 살펴보면 에고에서 일어나는 수많은 생각들이 무의미함을 명확하게 알기 위해서 연속적으로 생각에 생각을 거듭하면서 파고들어가거나, 선문답(禪問答)과 같이 논리와 상식을 초월한 역설적인 대화를 해서 에고가 반응하기 어려운 상황을 만들거나, 명상을 집중하면서 에고에서 생각이 일어나지 못하게 계속 중지시키는 방법을 사용한다.

그리고 이렇게 도달한 절대계에 대해서 지금까지의 경험자들은 대부분 자기 자리에서 에고로부터 방해받지 않으면 저절로 체험되는 원래부터 계속 존재하는 상태로 설명한다. 이 설명으로도 절대계가 인간만의 전유물이 아님을 말하고 있다.

인간에게는

특이성이 있다

인간은 몸의 감각기관을 통해서 외부와 연결되어 정보를 주고받고 대상을 인식한다. 감각기관에 의존해서 외부의 대상에 대한 정보를 습득하면, 그다음 단계로는 느낌이 일어난다. 이렇게 대상에 대한 정보를 가지고 느낌을 만들어 가는 구조에서는 필연적으로 편중된 느낌이 일차적으로 발생한다.

여기에 더해서 에고는 한정된 정보를 바탕으로 몸에 최대한 유리하게 대응하도록 기본 동작을 진행하기 때문에 편중된 느낌에 대해서 좋고 싫음과 같이 더욱더 한쪽 방향으로 편중되게 진행되기 매우 쉬운 구조를 가지고 있다. 이렇게 인간의 몸을 운용하는 의식은 공평하고 균형이 잡혀 있기보다는 이미 왜곡되어 진행되기 쉬운 구조이다. 이렇게 진행되어 가는 에고의 편중된 방식은 몸을 가진 인간으로는 자연스러운 상태이며, 이것은 인간이나 동물이나 다르지 않다.

그와 동시에 에고가 감각기관에 전적으로 의존하여 외부 정보를 습득하는 기본적인 특성 때문에 주객이 전도되는 상황이 쉽게 일어나기도 한다. 원래 몸의 감각기관은 사물을 감지하여 필요한 정보를 뇌로 보내서 에고에서 최적으로 대응해서 반응하도록 진화되었다. 하지만 지금은 감각기관이 감각을 취사선택하여 뇌가 적절한 판단을 하도록 보조하는 단계를 뛰어넘어서, 반대로 감각기관을 만족시키기 위해서 뇌를 많이 사용하는 단계가 되었다. 그래서 지금 많은 사람들이 사색이나 관찰에 뇌를 사용하기보다는 감각기관의 만족을 위해서 시간을 쓰고 있다. 이러한 에고적인 모습을 자기 자신이나 주변, TV에서 쉽게 볼 수 있다.

감각기관과 에고의 설명까지에는 아직 인간만의 특이성(特異性)은 없다. 인간과 동물 모두 감각기관을 사용하고, 에고가 있고, 근본적으로 절대계가 동일하게 존재한다. 인간이 먹고 마시고 느끼는 감각에 대한 정보를 생산하여 이를 다른 사람과 공유하는 것은 동물과는 다른 점이지만, 감각기관과 에고가 결합되어 감각적인 생활을 추구한다는 개념 자체는 동물과 유사하기 때문에 인간의 특이성이라고는 할 수 없다.

인간만의 특이성은 동물과 근원적으로 다른 부분으로부터 발생한다. 동물은 '영혼(靈魂)'이란 말 중에서 '영(靈)'은 없고 '혼(魂)'만 있다. 그러나 인간은 '영'과 '혼' 모두와 관련이 있다. 그것이 인간의 다른 점이다.

기존에 종교에서는 영혼이란 말을 조금씩 다르게 사용하고 있으므로 독자들의 혼동을 줄이기 위해서 기존에는 영혼이라는 말을 어떻게 사용하고 있는지 먼저 살펴보겠다.

기독교에서는 영혼을 조금 다르게 사용하고 있다. 동물에게 영혼이 있다고 표현을 하는 부분도 있고, 인간을 표현할 때 쓰기도 한다. 기독교에서의 '영'은 '영혼'과는 사용이 또 다른 의미인데 '생명의 기운'으로 설명하고 있다. 한편으로는 하나님 자체를 '영'이라고도 한다. 이처럼 기독교에서는 영과 영혼의 의미나 사용되는 대상이 조금씩 다르므로, 이 책에서는 동양이나 불교, 명상 쪽에서 사용하는 의미 위주로 설명해 나갈 것이며, 기존에는 '영'을 '참나' 또는 '아트만(atman)'으로 표현하기도 하는데 참나와 아트만의 의미는 거의 동일하다.

이제는 기존과 다른 설명으로써 에고 위주로 살고 있는 인간이 명상이나 수련, 기도를 통해 궁극적인 단계에 도달하면 그곳에 대한 상태의 표현은 '절대계' '절대적인 상태' '천(天)' '우주의 이치' 등으로 표현한다. 이것은 기존과 동일하다. 앞에서 설명한 것처럼 '절대계'는 동물과 인간 등 모든 존재에 공통적으로 적용되는 것이다.

'영'은 사람만 관련이 있다. '영'은 절대계를 벗어나서 존재할 수 없고, '절대계'와 '영'은 동격이 아니다. 그래서 수련을 통해 도달할 수 있는 기존의 깨달음의 세계인 절대계는 '영'이라고 표현할 수 없다.

에고를 넘어서는 존재의 느낌, 객관적으로 세상을 바라보는 존재, 심지어는 객관적으로 인간의 내면도 지켜보고 있는 존재, 인간이 느끼는 정신의 근본을 '참나'라고 기존에 여러 곳에서 설명해 왔다. 이와 동시에 에고를 벗어나면 절대계에 도달하고 그곳에 참나가 같이 있다는 해석을 해오고 있었다. 그러나 세상을 객관적으로 바라보는 관점은 에고의 고뇌와 번민의 영역의 특성으로 절대계가 아니다.

이러한 변형된 에고의 특성은 인간만이 가지는 특이성이다. 동물은 객관적 시각을 갖지 않고, 자신의 내면을 관찰하는 사색을 하지 않는 이유이기도 하다.

한편 기존에 자신의 감각을 느끼는 주체, 바라보는 것을 알아차리는 주체를 참나라고 하는데 이것은 참나가 아니고 혼이며, 혼은 인간이나 모든 동물에 공통적으로 적용되는 특성일 뿐이다. 즉, 인간의 특이성은 '영'에서 그 발생이 시작된다. 인간은 '영' 때문에 정신에서 고뇌와 번민을 느끼며 사색을 한다. 그래서 몸이라는 물질을 가지고 세상을 살아갈 때 동물보다 더욱 정신적으로 힘들고 복잡하게 사는 것이다.

인간이 에고 상태로만 살고 있는 것 같지만, 대부분의 인간은 자기 자신에게 만족하지 못하고 사색적으로 바라보는 의식을 언제나 갖고 존재한다. 이러한 내면적인 정신적인 상태가 고뇌와 번민을 만들게 되어 인간은 완전한 내면의 평화와 평안은 살아서는 얻을 수 없다.

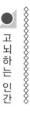
인간의 물질 영역

vs 비물질 영역

인간은 몸(물질)과 정신(비물질)으로 구성되어 있다.

인간이 살아가면서 뇌를 한정적으로만 쓴다는 이야기가 있는데, 실제로는 그렇게 적게 사용하지 않는다. 이유는 의식이 있는 상태나 무의식 상태에서도 에고는 예상보다 많은 작용을 하고 있기 때문이다.

인간의 비물질의 대부분은 '에고'이고, 에고는 '절대계' 바탕에서 존재한다. 그림으로 표현하면 다음과 같다.

'절대계'는 사각형의 밖과 안을 모두 포함하는 전체이다. '에고'는 정사각형이고, '영'은 원형이다.

인간의 '영'은 물리적인 사람의 몸 안에 존재하지는 않지만, 인간의 에고와 연관되어 영향을 준다. 그래서 그림에서 원은 사각형이나 직각삼각형과 떨어진 간격이 존재한다. 시공간에 구속을 받지 않는 '영'이 인간의 물리적인 몸 안에 반드시 존재할 이유가 없기 때문이다.

'영'은 '에고'에 영향을 주어 에고에서 특이한 영역이 발생한다. 위 그림에서는 파란색 직각삼각형으로 표시되는 부분이다. 여기서 흰색 직각삼각형은 특별한 의미를 갖지 않으며 파란색 직각삼각형의 나머지 여백 부분이다. 부록에 수록한 다른 그림들에 대한 설명과 같이 보면 이해가 더 쉬울 것 같다. 직각삼각형 부분은 영에 의해서 에고의 일부가 변형된 상태를 나타낸 것이며 '고뇌와 번민의 영역'이라고 표현한다. 직각삼각형의 고뇌와 번민의 영역이 발생함으로써 객관적 시각과 사색과 같은 특성이 발생하기 시작한다.

'고뇌와 번민의 영역' 때문에 인간에게 고뇌와 번뇌, 번민, 명상, 종교, 철학, 사상 같은 인간만의 활동이 발생하고 존재한다.

꿈의 작용

꿈은 자기 자신에 대해 여러 가지 정보를 제공하고, 특히 자신의 내면을 이해하는 데 중요한 역할을 한다.

과학적으로 잠과 꿈은 낮 동안 주요한 활동으로 뇌가 에너지를 소비했으므로, 뇌의 기능이 휴식에 들어가면서 기능을 조절하며 쉬게 되는 상태를 의미한다. 이때 뇌의 기능이 완전히 정지하는 것이 아니므로 일부 기능을 사용하게 되는데 이것이 꿈의 형태로 적용되는 것이다.

이렇듯 뇌 기능의 일부만 적용되어 진행되는 한정된 기능이 꿈이라고 하지만 실제로 벌어지는 능력은 대단한 수준이다. 필자의 개인적인 두 가지 꿈을 가지고 능력을 설명하기로 한다. 아마도 다른 사람들도 유사한 경험을 했을 수도 있다.

첫 번째, 어느 날 꿈을 꾸었다. 우리가 꿈에서 흔히 볼 수 있는 상황이었다. 사거리가 있고 그중 하나의 도로 위에서 자동차를 운전자로서 지금은 신호 대기를 하면서 파란색 신호등을 기다리고 있었다.

우측 도로 쪽은 경사로였고, 그쪽 편의 신호등이 빨간색으로 변경되었는데도 어떤 차가 빠르게 진입하고 있어서 그것을 본 나는 '너무 빠르네! 위험한데!' 이렇게 바라보고 있다가 결국 그 차가 균형을 조금 잃어버리면서 내가 타고 있던 차의 옆구리를 쾅~ 하고 치면서 스쳐 지나갔다. 충격이 느껴진 쪽은 왼쪽 어깨와 팔뚝이었고 몸은 직접 부딪치지는 않았다. 여기까지도 특별한 것이 없는 꿈이다.

그때 꿈에서 깨어나게 되었다. 그리고 경이롭게 느꼈던 점은 꿈에서 깨고 나서도 한동안 실제 상황에서 마치 그런 일이 일어난 것과 같이 나의 왼쪽 어깨와 팔뚝에서 느껴지는 그 실감 나는 실체적인 감각은 무엇인가?

또한, 나는 사전에 생각해 본 적도 없는데 무의식에서 에고는 그런 풍경과 조건과 상황을 자체적으로 만들어서 마치 시뮬레이션을 돌리듯, 짧은 영화 장면을 찍듯 그런 실감 나는 연출을 스스로 한다. 그러면서 몸의 감각이 실제 느낀 것과 같이 실체적인 감각도 가상으로 만들어서 뇌가 그걸 경험하고 있다.

실제는 나는 그런 교통사고를 당해본 적도 없고 실제 상황에서는 어깨나 팔뚝에서 그런 충격을 받아본 경험이 없다. 그러나 그런 마치 실제와 같은 감각을 스스로 무의식의 뇌에서 만들어 내서 현실에서 느끼게 하는 그 능력에 대해 실로 대단하다고 생각했다.

두 번째, 작년 겨울에 꾸었던 꿈으로, 꿈에서 머물던 곳을 나가서 혼자 어디로 걸어가는데 갑자기 꿈에서 난감한 상황이었다. 꿈속에서 속옷만 입고 골목을 걸어가고 있었고 큰길로 가고 있었다! 꿈에서 기분이 난감하다. 어쩌지? 가긴 가야 하는데!

그때 이상하게 스스로 의문이 들었다. 이 상황이 너무 이상하다! 꿈에서도 생각하기에 이게 말이 되나? 이런 상황이 말이 안 된다! 어떻게 속옷만 입고 내가 길에 나왔어? 이거 꿈 아니야?

이런 난감한 상황에 어려워하는 나 자신에 동의를 못 하겠다!

이렇게 생각하고 과감히 큰길 쪽으로 나오니 반대편에서 한 남자가 걸어온다. 그래서 그 사람에게 이것 보세요! 제가 속옷만 입고 이렇게 다니는데 어떻게 생각하세요? 한번 봐 주시라! 하고 당당히 물어보니 의외로 그 사람이 웃거나 반응을 하지 않고 그냥 쳐다보고는 약간 피해서 별로 특별할 것이 없다는 모습으로 그냥 지나간다.

아마 무의식의 에고에서 이런 나의 반응에 대해서는 미처 대응 시나리오 준비를 못 했던 것 같다.

그 순간이 지나고 어느 순간에 바로 꿈의 상황이 다 변했다. 그리고 다른 곳에 있어서 내 몸을 내려다보니 나는 파란색 체육복을 입고 있었다.

이런 경험으로 알 수 있는 것은 인간의 무의식 속 에고가 나의 의지와 관계없이 어떤 때는 에고가 원하는 상황을 구성하기도 하고 인간의 의식 반응에 따라서 독자적인 대응 작용도 할 수 있다는 것이다.

에고,

참 대단하다

꿈의 작용에서 설명한 것과 같은 경험 때문에 다음과 같이 에고를 새롭게 보게 되었다.

에고는 단지 욕심과 분노 그리고 무지(어리석음)와 같은 부정적 기능이 포함된 운용 체제로 절대계나 참나를 만나는 데 방해가 되는 존재만이 아니라는 관점이 생겼다.

꿈에서는 꿈을 경험하는 나와 별도로 모든 꿈의 환경과 진행을 하는 별도의 기능이 존재하였고, 그 기능은 무의식에도 관여하는 에고이다. 그리고 꿈을 주관하고 진행하는 기능의 에고는 그러한 기능을 사람이 잘 때만 적용하고 깨어 있을 때는 작용하지 않는 식으로 진행되지 않는다.

사람이 깨어 있을 때는 당연히 일반적인 에고가 활동을 하겠지만 동시에 무의식적인 영역에서도 사람이 꿈을 꿀 때와 같은 에고의 동작도 병행으로 쉬지 않고 작업을 할 수 있다.

그러한 경우로 의심되는 예는 뇌는 외부에 대해서는 날카롭게 문제를 발견하고 지적을 하면서도 본인의 생각과 판단에 대해서는 자연스럽게 받아들이고 이해하는 것이다.

에고가 기본적 특성상 이기적이고 배타성이 있어서 그렇게 된다고 생각하더라도 자기 생각에 대해서는 지나칠 정도로 자연스럽게 받아들인다.

뇌의 활동력이 떨어지고 감각기관들도 외부 정보를 적게 받아들이는 꿈을 꾸는 상태에서 그렇게 다양하고 완벽하게 시나리오를 만들어 가상의 감각도 만드는 에고가 사람이 깨어나고 난 후에 더욱 뛰어난 뇌의 활동 상태가 되면 그런 동작을 전혀 하지 않을 것이라고 생각하는 것은 오히려 더 가능성이 낮다.

오히려 반대로 에고가 꿈에서 깨어서는 꿈에서보다 몇 배 또는 몇십 배는 더욱 정교하게 꿈에서의 진행하는 기능을 무의식적으로 그대로 적용하고 있다고 본다.

꿈에서는 중간중간 전체적인 상황 설정이나 진행 구도가 어설프고 비논리적일 때가 있는데, 깨어 있는 상태에서는 몇십 배 이상으로 효과적으로 동작하면서 사람의 인식과 판단의 순간순간에 에고가 원하는 정보나 가상의 정보를 실제 정보에 첨가하는 경우가 발생할 것이다. 실제 상황에서 이렇게 동작이 발생하고 있다면, 인간은 자신이 감각기관을 통해서 들어온 정보와 대상에 대하여 느낌이 발생할 때 그 판단의 기반이 되는 정상적인 정보에 에고가 만들어서 제공하는 허상이 섞인 상황에 대해 그것을 분별하기는 불가능에 가깝다.

그러면 인간은 에고가 만든 허구가 섞인 정보를 바탕으로 자신의 느낌과 감정이 형성되고 그것이 개인의 독자적인 판단으로 취급되면서 나의 것이 된다.

이런 조건에서 만들어진 감정과 판단이 개개인의 믿음과 신념이 되어 그것에 따라서 인간은 '이게 나야!'라는 느낌을 유지하면서 일생을 산다.

이렇게 되면 '나의 느낌과 판단과 그리고 존재감의 실체는 무엇인가?' 하는 질문이 생긴다.

인간의 신념과 이상은 고귀하다는 믿음 중에서 그 형성의 일부분이 이런 에고의 진행이 포함된다면 사람이 믿고 있는 내용 중에서 일부는 에고의 허상이 섞인 상태인 것이다.

스스로 쉽게

속을 수 있다

인간의 뇌에서 어떤 대상에 대한 판단 기준이 내부용과 외부용과 같이 이중으로 따로 적용되는 것이 아닌데도 비슷한 내용에 대해서 다른 사람들의 것에 대해서는 날카롭게 지적하고, 본인의 것에 대해서는 관대하고 자연스럽게 느껴진다.

그리고 자신의 생각이나 가까운 사람들의 이야기가 더욱 논리적이고 합리적으로 들린다.

인간의 믿음, 신념과 이상이 절대적인 것 같지만, 지금까지의 역사에서는 그렇게 적용되지 않았다. 인간이 속한 문화, 믿는 종교, 개인의 입장에 따라서 언제나 서로에 대한 믿음, 신념, 이상을 다르게 평가하며 진행되어 왔는데 정말 절대적인 것은 그렇게 관점과 상황에 따라서 다르게 평가될 수 없다.

지금도 동일한 사건에 대해서 어떤 문화권에서는 절대적으로 옳다고 하는 것도 다른 곳에서는 마치 절대적인 문제인 것처럼 서로 상반되게 평가하는 것을 우리는 자주 보고 있다.

인간이 외부의 대상에 대하여 잘못된 판단을 내릴 수 있다는 것에는 쉽게 동감할 수 있지만, 자신에 내면에 대한 판단이 에고로 인해서 속을 수 있다는 점에는 선뜻 공감하기 어렵다.

명상이나 수행 분야에서 수련을 하는 수행자 중에 일부는 수련을 통해서 에고를 벗어나 절대계에 도달해서 절대적인 상태를 경험하며 참나를 만났다고 믿지만, 수행자가 절실하게 경험을 하고 싶어 하기 때문에 '깨어서 마치 꿈을 꾸듯'이 에고가 만들어준 가상의 '절대계'를 경험하면서 그것이 절대계이고 참나를 찾은 것으로 착각할 가능성도 있다.

수행자가 명상을 하게 되면 뇌의 작용이 아주 맑고 청명해지면서 뇌가 높은 동작을 수행할 수 있는 상태가 되고, 이때 에고가 절대계는 이럴 것이라는 가상적인 절대계의 경험을 제공하면 어렵지 않게 가상의 참나의 상태를 만들어 줄 수 있다.

이렇게 정교하게 에고가 인간의 뇌 안에서 가상의 허상을 만들어 명상을 하고 있는 수행자의 인식 과정에 접목하면 사람에게는 모든 것이 경이롭고 자연스럽고 문제가 없이 진행되게 된다.

인간의 에고는 담당하고 있는 자신의 몸의 상태와 정신적인 상태와 감정이 원하는 것 등 모든 면에서 나의 상태나 심리를 너무나 잘 알고 있다. 그래서 의식이 진행될 때 에고가 원하는 허상이나 왜곡한 정보를 의식의 진행에 적절하게 섞는다면 인간은 어떤 허상이 섞인다고 해도 최적의 맞춤 진행 상태이므로 스스로가 그것에 문제를 느끼기보다는 진정한 나의 생각, 나의 믿음, 나의 가치관, 심지어는 내가 도달한 절대계가 되어 버린다. 그래서 그것에 반론이나 의구심을 갖기 어렵다.

지금껏 '참나'라고 믿었던 상태

이제까지 종교계나 명상계 등에서 '참나'라는 표현이 광범위하게 사용되고 있고 이를 '절대계'와 같이 사용하기도 한다.

그러나 참나와 절대계가 다른 성격이라고 이미 설명했다.

지금까지 종교계나 명상계가 해왔던 수련이나 수행의 방법은 실제로는 '참나'를 찾는 것이 아니었고 '절대계'를 경험하는 것이었다.

그리고 기존에 알고 있었던 참나의 의미라면 그러한 참나는 실제로는 존재하지 않는다. 유사한 존재로 영이 있지만, 영은 기존에 절대계와 유사하게 인식되는 참나와는 존재 이유와 목적이 다르다.

그러면 지금껏 '참나'라고 믿었던 것은 실제로는 '절대계를 경험하는 상태'라고 표현할 수 있으며, 여기에는 두 가지 경우가 있다.

첫 번째는 가상의 경험으로써 앞에 언급된 것처럼 자신의 에고가 만들어 제공하는 가상의 참나 같은 상태가 있다. 참나를 찾고자 하는 인간의 마음의 상태가 강렬하면 마음의 의식이 계속 그런 경험을 추구하고 있으므로 에고는 깨달음이라는 원하는 상태를 가상으로 준비해 주는 경우이다. 이 경우는 마치 꿈에서 내가 여러 가지 상황에 처하고 경험하게 에고가 준비해 주는 것과 진행이 동일하다. 꿈과 다른 점은 수련자가 깨어서 명상을 하고 있는 상태에서 에고가 그렇게 제공하여 그것을 경험한 수련자는 참나에 도달하여 스스로 깨달았다고 믿는다.

예를 들어, 꿈에서나 현실에서 특별한 상황이 나에게 일어나서 특별히 계시를 받았느니, 신이 나에게만 말씀을 전했다느니, 하는 경우 대부분 자신의 에고의 작용이라고도 할 수 있다.

두 번째는 기존에 '참나'라고 믿었으나 실제로는 '절대적 상태'를 경험하는 것이다. 앞에서 설명한 것처럼 에고도 절대계의 바탕 위에서 존재하는 것이다. 그래서 고도의 수련이나 수행 또는 명상을 하게 되면 에고를 넘어서는 영역으로 진입하게 된다. 에고가 활동하지 않는 영역은 참나가 존재하는 곳이 아니라 절대계로, 개인의 고뇌와 번민이 없고, 빛이나 고요한 상태가 계속 유지된다.

여태까지 종교계나 명상계에서 절대계와 참나를 같이 많이 사용했지만 절대계와 혼을 구분하지 않고 서로 혼합해서 정의해 버린 것이 바로 참나며, 이러한 성격의 참나는 실제로는 존재하지 않는다.

깨달음이란?

종교에서의 수행자가 아니라고 해도 '깨달음'이라는 표현을 많이 사용한다. 종교적으로는 인도의 힌두교와 명상법에서 깨달음의 이야기가 풍부하며, 불교나 전통종교들도 깨달음이라는 주제에 대해서 오랜 역사가 있다.

종교가 아닌 명상의 방법에서도 호흡법을 사용하는 수련을 많이 하고 있는데 수련에서든 종교에서든 깨달음에 대한 표현은 서로 다르지 않다.

예를 들어, 깊은 명상에 들어서 에고의 경지를 넘어가게 되면, 광명의 빛을 체험하거나, 호흡을 하면서 우주와 한 몸이 된 것 같거나, 아예 호흡도 잊어버리고 무아지경 상태가 되거나, 에고의 의식을 정화하고 마음의 집중을 얻게 하고 감각의 인식이 동작하지 않고, 행복과 평온의 완전에 도달한다고 표현한다. 이를 육신이 있지만, 육신이 없는 세상에 도달한 상태라고 하며, 절대적 기쁨과 지고지순으로 에고가 소멸한 상태라고 한다. 이렇게 되면 대오각성(大悟覺醒)되어서 삼라만상(森羅萬象)을 꿰뚫게 된다고 한다. 동서고금의 어떤 철학도 그냥 통달(通達)한다고 한다. 표현만으로도 실로 대단한 깨달음이다.

이렇게 다양하게 불교의 열반의 경지인 큰 깨달음으로부터 명상을 통한 에고에 대한 상대적으로 작은 깨달음까지 실로 다양한 깨달음의 체험을 역사적으로 수많이 언급되고 표현된 것을 봐서는 결코 적지 않은 숫자이다.

에고가 소멸되고 우주를 이해하고 대오각성이 되면서 삼라만상이 통달된다는 절대 경험인 깨달음을 적지 않은 사람들이 경험했다고 한다. 그런 다음에 경험했던 분들이 깨달음을 얻은 이후에 현실에서 어떤 특별한 가르침을 주어서 중생들의 고뇌와 번민이 없어졌는지는 불확실하다.

수천 년간 깨달음에 도달한 사람들이 많고 그분들의 가르침이 있었는데 과거보다 지금 사람들의 고뇌가 적어졌다고 하지 못하는 이런 상황이 계속되고 있다.

상황이 이렇게 계속된다면, 깨달음에 대해서 우리의 기존 관념에 오류가 섞여 있는 게 아닌가? 아니면 수련에 대한 방향성이 틀린 것이 아닌가? 하는 의문과 논의도 있어야 한다. 그렇지만 지금도 많은 사람들이 같은 방향으로 변함없이 기존의 방법과 방향으로써 수련하면서 참나를 찾고 절대계에 도달하고자 한다.

만약 에고를 넘어서 절대계에 도달하고자 하는 것이 유일한 목표라면 기존의 수련이 틀린 것은 아니다.

도달하고자 하는 목표인 절대계에 대한 표현은 다양해서 '천' '우주의 이치' '참나' 이외에도 '브라만(Brahman)' '아트만(Atman)' 등 다양하게 표현하고 있는데, 이 중에서 '참나'나 '아트만'은 정확한 표현이 아니며, '천' '우주의 이치' '브라만'의 표현은 적합하다.

기존에 '참나'나 '아트만'은 절대계와 개인적인 혼의 내용을 섞어서 이해하는 것이며 실제로 그런 것은 존재하지 않는다. 오히려 성격이 다른 '영혼'이라는 단어에서의 '영'이 존재한다고 표현하는 게 적합하다.

만약 그래도 기존 개념의 참나는 있다고 말한다면 그것을 정의하는 설명 중에 '바라보고 있는 것을 아는 근원의 존재' 또는 '절대적인 상태로 존재하는 무결점의 존재'를 참나라고 정의하고 있는데 이런 것은 돼지, 모기, 인간 모두에게 있다. 그래서 일부 불교에서는 동물에게도 불성이 있고, 모든 존재에 불성이 있다는 이야기를 한다. 이 말에서 불성을 절대계라고 한정한다면 맞는 이야기가 된다.

기존의 에고의 세계를 넘어서면 '절대계'나 '참나'가 있다고 생각한 전제에 오류가 있었으며, 그 이유는 참나는 처음부터 없었기 때문이다.

그래서 인간이 '절대계'를 경험하게 되면 완전한 평화를 느끼고 육신이 있지만, 육신이 없는 세상에 도달한 상태가 되며, 대오각성되어서 삼라만상을 꿰뚫어볼 수 있게 된다고 했지만, 다시 현실로 돌아오면 자신의 마음의 상태나 세상을 바라보는 관점은 변화했겠지만, 주위 사람들이 유익할 만한 완전히 차원이 다른 고차원적이고 우주적인 가르침은 나올 수가 없다.

그러므로 깨달은 이후에 가르침이라는 것이 대부분 "깨달으면 이런 경지가 된다!", "이런 완벽한 상태가 된다!", "대오각성된다!", "고뇌와 번민이 없어진다!"라고 말로 표현만 있고 실제로 보통의 인간 수준과는 전혀 다른 수준의 새로운 가르침은 없다. 실제로 불교에서 싯다르타(Siddhārtha) 석가모니의 가르침을 넘는 가르침을 새롭게 말씀한 분은 거의 없다.

절대계의 경험이 실로 대단하지만, 그곳은 오직 상태이다. 그래서 그곳을 경험하고 깨달았다고 하는 자 스스로도 깨달음 이후에도 수시로 다시 고요한 정신 집중 상태로 들어가서 절대계를 다시 경험하고 또 돌아오고 하는 반복적인 생활을 하게 되어 있다.

'절대계'는 느낌이고 상태일 뿐이므로 그곳으로부터 직접 인간이 구체적인 것을 배울 수는 없기 때문이다. 사람이 에고를 극복하고자 수련이나 수행을 하면 결국에는 절대계의 특성을 느끼게 되지만 이것이 근본적으로 자신을 아는 것은 아니다.

절대계의 특징과 느낌은 빛의 느낌, 아무 생각이 없고 오직 우주의 근본 원리에 접근하는 나에 대한 구별이 없는 절대적인 느낌이다. 이러한 '절대계'를 경험한다는 자체가 현실과의 엄청난 차이이므로 절대계에 대한 황홀한 감정과 경외를 갖게 되는 것은 자연스러우며, 그래서 지금껏 수련이 이쪽 방향으로 집중되는 구도를 유지했다.

그러나 수련의 목적이 체험이 아니라 나 자신의 근원을 찾아 인생의 목적을 밝히고자 하는 방향이라면 나를 바르게 알고 나의 근원을 찾기 위해서는 '절대계'를 체험하는 것이 전부는 아니다.

인간의 깨달음에 대한 목적이 에고의 고뇌와 번민을 일단 잊어버리고 절대 평화의 느낌을 얻고자 하는 것이라면 지금까지의 수련과 수행법이 충분하다.

　그렇지만 에고로 살고 있는 나 자신에 대해서 근원적인 인생의 목적과 의미에 대한 깨달음을 얻고자 하는 것이라면 수련의 방향은 '영'에 대한 깨달음이 되어야 한다.

　'영'이 사람의 고뇌와 번민을 만드는 원인이므로 그것에 대한 공부를 하고 이것의 작용과 근원을 이해하게 되면 결국 '영'을 파악하게 된다. 따라서 이러한 목적의 수련은 기존과 방향이 다르게 진행된다.

저승은 있다

인간이 아무런 이유 없이 태어났고 부모로부터 받은 유전자의 기능대로 환경에 적응하며 살다가 죽으면 그것으로 끝이라고 생각한다면 저승은 없는 것이다.

이 글을 쓰고 있는 지금으로부터 머지않은 시간 전까지도 저승에 대해서 조금은 회의적이었다.

귀신을 본 적도 없고 그런 느낌을 받은 적도 없고 특별한 증거가 없었고, 증거나 계기가 없다면 최소한으로 귀신이나 저승이 왜 존재할 수밖에 없는지에 대한 개인적으로 이해가 되는 주장이라도 읽은 적이 없기 때문이었다. 그래서 사람들의 상상 속의 세계가 아닌가! 라는 시각이 있었다.

물론 지금까지도 특별히 달라진 경험은 없다.

그런데 "저승은 있다!"라고 다르게 이야기하는 이유는 다시 생각해 보면 그렇게나 많은 사람들이 저승이나 귀신을 동서고금을 통해서 계속적으로 이야기했고, 모든 종교에서도 그것을 인정하고 의식을 치르고 있고, 무속인들은 지금도 귀신과 소통(疏通)하고 귀신을 퇴마(退魔)하고 액땜, 굿과 같은 의식도 하고 있다. 퇴마와 같은 의미의 단어로는 귀신을 쫓는다는 의미의 구마(驅魔)도 있다. 심지어는 거대 종교에서도 종교인에 의한 퇴마 의식을 공식적으로 인정하며 행하고 있다. 그리고 귀신들린 증상으로 고민하는 사람도 많다.

귀신 이야기가 나왔으니 좀 더 보충하자면, 귀신이나 악령에 대한 영화에서 흔히 묘사되듯이 귀신이 살아 있는 인간에게 들어오면 인간이 몸이 괴상하게 꺾이거나 손발을 모두 사용해서 걷거나 기묘한 자세를 하고 있는 장면이 자주 나온다. 그래서 영화가 더 무섭게 느껴지지만 실제로 그런 일이 일어난다면 원인은 인간의 몸에 들어온 귀신으로서도 짧은 시간 안에 인간의 몸(물질)인 머리와 손발과 자세를 바르게 움직이게 하는 통제 능력과 운영하는 감각이 되지 않기 때문에 그렇게 되어 버리는 것이지, 귀신이 무섭게 보이려고 일부러 그러는 것은 아니다.

이것은 어린 아기가 자기 몸의 균형을 잡지 못하고 자주 넘어지는 이유와 비슷하고, 성인이라도 몸의 특정 부분을 새롭게 접합하거나 로봇 팔을 붙여도 처음에는 통제와 적응이 안 돼서 원하는 대로 움직여지지 않아서 장기간 연습이 필요한 것과 마찬가지이다.

또한, 귀신이 혼의 상태에서 음산한 기운과 소리로만 나타난다면 그것은 무섭게 하려고 그러는 것이 아니며, 뇌가 없어서 논리적으로 생각하지 못하고 말을 자연스럽게 할 수 없기 때문에 기운으로만 나타나는 것이다.

저승에 있는 일부 강력한 혼이 살아 있는 인간에게 영적 대화, 즉 채널링(channeling)으로 정보를 보내는 경우도 있는데, 이것은 살아 있을 때 집착이 강하고 수련을 많이 했던 혼의 경우 저승에서 쉽게 흩어지지 않고 오랫동안 머물며 지상에 영향을 행사하려는 집착을 계속 유지하기 때문에 발생한다.

실제로 천지창조의 유일신이 있다면 지상의 일부 사람에게만 남들 모르게 채널링하지 않을 것이다.

또한, 일반인들은 죽은 부모나 지인들이 꿈에서 나타나 정보를 주고 알려주는 것을 무의식적으로 많이 믿기도 한다.

만약 사람이 저승의 세계를 부정한다면 현재의 종교도 발생하지 않았을 것이다.

그래서 귀신, 혼 그리고 저승계와 같은 것을 인간들의 오직 상상의 정신적인 현상이라고만 설명하기에 무리가 있다.

그리고 관찰자적 입장에서 보면, 인간은 물질(몸)과 비물질(정신)로 크게 나누어지는데 인간의 죽음 이후에 물질(몸)이 같은 물질계인 지상에서 없어지는 것은 명백하고 논리적이지만, 비물질인 인간의 모든 정신 작용이 특성이 다른 물질계의 지상에서 모두 소멸하는 것은 우주의 법칙에 맞지 않는다.

이치적으로는 천(天, 우주의 기운으로 비물질)과 지(地, 지상의 기운으로 물질)가 만나서 인(人, 몸인 물질과 정신인 비물질)이 형성되었다면 죽음 이후에는 몸(물질)이 지(地)의 세상의 물질로 돌아가는 것이 이치에 맞듯이, 정신(비물질)은 어딘가의 비물질로 돌아가는 것이 이치에 맞다.

기존 동양에 예전 사람들은 인간이 살아 있을 때는 물질(몸)과 비물질(정신)로 구성되고, 이 중에서 비물질(정신)은 영(靈), 혼(魂), 백(魄)으로 구성되었고 기능을 하다가 죽으면, '백'은 지상에 남고, '영혼'은 저승의 세계로 간다고 다들 생각했었다.

그러나 이에 대하여 필자는 다른 각도로 다음과 같이 다시 정리한다.

인간이 살아 있을 때의 비물질은 '절대계', '에고' 그리고 '고뇌와 번민의 영역'이라는 크게 세 영역으로 존재한다.

그러나 인간이 죽게 되면, '절대계'는 우주의 이치 자체이며 근원적 존재이므로 어디로 가고 말고가 없다. '에고'는 혼백으로 구성되며, 죽으면 지상에 일단 남았다가 시간이 지나면 절대계로 사라진다. 그리고 아직 사라지지 않은 혼의 일부분이 저승의 세계로 가서 일정 시간을 머물다 사라진다. '고뇌와 번민의 영역'도 죽으면 지상에 일단 남았다가 시간이 지나면 절대계로 사라진다. 그리고 일부분의 '고뇌와 번민'은 저승의 세계로 가서 일정 시간을 머물다 사라진다.

이런 이유로 혼과 고뇌와 번민의 영역의 일부분이 가야 하는 곳을 '저승'이라고 한다.

인간의 세 가지의 비물질 이외에 '영'은 인간이 살아 있을 때는 인간의 에고의 혼에 영향을 주어 '고뇌와 번민의 영역'이 생성되도록 했지만, 인간이 죽게 되면 영 자체는 아무런 변화 없이 원래 있던 상태로 계속해서 존재한다.

인간은

윤회를 할까?

앞에 있는 '저승은 있다!'라는 글의 관점을 포함해서 윤회를 다른 각도로 해석해 보기로 한다.

동물은 '영'이 없고 '집착'도 없기 때문에 동물은 죽은 후에 혼이 모두 지상에서 있다가 절대계로 사라지므로 윤회하지 않는다. 그러나 기존에 여러 종교나 토속신앙에서는 동물의 윤회를 믿는 쪽이다. 예를 들어, 불교는 신이나 인간이나 동물이나 모두 윤회한다는 관점에서 신, 인간, 아수라, 축생, 아귀, 지옥의 중생관을 깨달아서 열반에 들면 부처가 된다고 하는 사상이다.

어떤 사람들은 동물에도 영혼이 있어 윤회하고 저승으로 간다고 설명하기도 하며, 사람에 따라서 전생이 동물이었다고 하고, 사람이 동물로 다시 태어난다고도 한다.

그런데 동물이 귀신도 된다면, 일단 많은 '동물 귀신'들이 인간한테 좋지 않은 감정을 가지고 있을 것이니 저승계에서 '인간 귀신'은 수백 배 많은 동물 귀신들에게 쫓겨 다니느라 지상계에 나타날 수가 없을 것이다.

이런 문제를 일부 종교에서는 미리 예상했는지 저승계에서 인간과 짐승이 머무는 곳을 구분해 설명하기도 한다.

다시 정리하면, 집착이 없고 고뇌와 번민이 없는 동물은 윤회하지 않는다. 동물에게는 무언가를 해결하는 능력이 존재하지 않고 자연에서 받은 그대로 살다가 죽기 때문에 윤회하지 않는다. 만일 이유나 목적 없이 윤회가 일어난다면 우주의 법칙이 제대로 운용되는 것이라고 할 수 없다.

인간의 혼인 '기본 에고'와 '고뇌와 번민의 영역' 중에서 일부가 죽음 이후에 저승의 세계로 간다. 인간이 만약 아무 이유 없이 태어난다면 윤회도 사실 무의미하다. 그러나 태어난 이유와 목적이 뚜렷하게 있고 세상을 살아가면서 자신이 태어난 목적을 알지 못하고 결과도 없이 죽는다면 이치적으로 반드시 그 목적과 이유를 달성할 때까지 반복되는 특성이 존재한다.

그렇다면 윤회의 근본적인 요소는 무엇일지가 궁금하다.

"인간은 윤회를 할까?"라는 질문에 대해 접근해 나가기 위해서는, 우선 전 단계로써 스스로의 '고뇌와 번민'이 다양한 요소로 인해서 발생하는 것을 먼저 이해하고, 이를 구분하고 분석해야 한다.

이러한 과정은 오래 걸리는 과정이며 인간의 교육과 노력을 통해 일정한 단계에 도달하도록 노력한 후에야 효과적으로 고뇌와 번민을 객관적으로 바라보고 탐구할 수 있게 된다.

인간은 살아가면서 외부와 여러 가지 접촉을 하고 내부적 반응을 일으키게 되는데 순전히 물질적인 몸 때문에 발생하는 접촉과 반응도 있지만 주요하게는 감정적으로 어려움을 느끼고 갈등하게 된다. 비물질적인 부분에서의 갈등, 고뇌와 번민이 발생하는 과정이 바로 인간이 동물과 다른 점이다. 이러한 갈등이나 고뇌와 번민의 원인은 실로 다양하다.

몸으로부터 생긴 문제가 정신적으로 전이되면서 고뇌나 번민이 되고, 욕심이나 분노로부터 발생하기도 하고, 무지(어리석음)로 인해서 발생하기도 하고, 몸의 유전적인 내용으로 인해서 발생하기도 하고, 감각기관에 이끌려서 발생하기도 하고, 다른 사람에 의해서 발생하기도 하고, 환경에 적응하면서 발생하기도 하는 등 실로 다양하다.

그러나 대부분의 고뇌와 번민은 몸을 가지고 살아가기 때문에 발생하는 것이고, 만약 죽게 되어 지상에서 몸(물질)이 없어지면 대부분의 고뇌와 번민도 같이 사라지는 것이다. 따라서 그런 부분은 태어난 이유와는 관계가 없다.

인간이 살아서 고뇌와 번민을 아무리 많이 했어도 태어난 이유가 아닌 다른 원인으로 발생한 것이라면 태어난 이유와 관계가 없고, 목적을 달성한 것이 실제로는 없어서 죽음 이후에 다시 반복하게 된다.

욕심, 화냄과 어리석음의 에고를 벗어나면 윤회하지 않는다고 하지만 그렇지 않다. 감각과 에고는 헛되지만, 그것들이 아직 없는 태초의 상태에서 인간이라는 존재가 발생했기 때문이다.

이것이 윤회이다. 따라서 에고를 넘어서 절대계를 경험한다고 해도 윤회의 특성은 계속된다.

인간은 존재
이유가 다르다

동양에서는 하늘, 땅, 사람을 의미하는 '천지인(天地人)'이라는 표현을 만물을 구성하는 요소로 사용했다. 그래서 이러한 표현을 빌려서 인간의 존재 이유를 설명하기로 하겠다.

예전부터 동식물은 천지(天地)가 같이 만들고 지(地)에 속한다고 설명해 왔지만, 인간만은 천지와 구분해서 인(人)이라고 별도로 구분해 왔다. 이렇게 구분하는 이유에 대하여 인간이 자신을 설명했으니 인간 중심으로 그렇게 한 것일 뿐이라고 할 수도 있다.

그러나 왜 인간은 다른 동식물에 비해서 극단적으로 다르게 뇌가 발달되어 있으며, 명상과 종교와 철학을 만들어서 발전시켜왔고, 고뇌와 번민을 가지고 괴로움도 스스로 느끼면서 살고 있는 것일까? 인간의 진화가 우연히 빨라서 그런 상태가 되어 버린 것이지 아무런 특별한 이유가 없는 것인가?

다른 점 몇 가지를 나열하면, 지구 상에서 수많은 생물 중에서 유일하게 삶과 죽음의 의미를 찾으며 실체 유무를 떠나서 영혼계라는 영역에 대한 수없는 관계성을 여러 형태로 만들고 유지하고 있는 것도 인간만이 그렇게 하고 있다. 이러한 특이한 행위를 계속한다는 점에서 인간의 존재 이유가 동식물과는 다르다고 볼 수 있다.

그리고 새로운 기술과 사상을 만들고, 계속적인 새로운 영역에 대한 강한 궁금증과 물질적인 체험 그리고 정신적인 각성이나 깨달음을 추구하면서 타고난 특성과는 다른 성격이나 사고방식으로 크게 변화할 수도 있다는 점이 동식물과 다르다.

마지막으로는, 인간은 스스로 모순을 느끼기도 하고, 동식물과 다르게 감각기관에만 의존하여 판단하는 것이 아니고 감각기관 이후에 에고의 개입으로 정보가 크게 왜곡되기도 한다. 또한, 그 정보에 대하여 스스로 의문을 품으며 분석한다는 점에서 동식물과는 존재 이유가 다르다고 할 수 있다.

2부를 대표하는 그림, 〈에고와 절대우주〉는 기존의 일부 종교나 명상계에
서 인식하는 인간의 이분법적인 정신 구조를 표현하고 있다. 즉, 현실 속
에고가 있는 삶과 절대계를 두 개의 원으로 표현하고 있다. 그림으로 설명
해 보면, 안쪽의 원형은 '참나' 또는 '절대계'이고, 바깥의 원형은 '에고'를
의미한다.

2부

기존의

생각들

고뇌와 번민,
사람의 미래다

인간의 태어남은
원죄와 관련이 있다

기독교에서는 인간이 창조된 후에 원죄를 지어서 낙원에서 쫓겨났고 그로부터 고통을 받으며 살고 있다고 설명하고 있다.

불교에서는 업보로 인해서 태어나고 윤회하게 된다고 하며, 인간이나 동물이나 모두 윤회하면서, 신, 인간, 아수라, 축생, 아귀, 지옥을 살거나 돈다고 한다. 이렇게 스스로의 업보로 인해 태어나서 지상에 산다는 것을 깨닫고 열반에 들면 부처가 된다고 하는 사상이 바로 불교다.

명상이나 다른 종교에서는 에고를 넘어 참나와 합일을 하면 현실의 모든 고통에서 해방되고 다시 태어나지 않는다는 이론도 있다.

원죄가 있다고 하든, 업보가 있다고 하든, 아니면 무지하기 때문이라고 하든, 크게 보면 인간에게는 원래 문제가 있기 때문에 태어나서 살아가고 있는 것이 된다.

이렇게 원래부터 문제나 죄가 있기 때문에 태어나서 살아간다고 설명한다면, 근원적인 문제나 죄가 인간에게 존재되어야 한다.

물론 지금까지 역사와 사회가 진행되면서 그 안에서의 인간들의 생활을 살펴보면 다양하고 수많은 문제들과 한계성이 계속 발생되고 유지되고 있었음은 기존 종교의 가르침이 없어도 누구나 알 수 있다. 그렇지만 인간의 문제는 대부분이 현실에서 살아가면서 생긴 것이지, 태어나기 전부터 존재하는 원죄라고 말하는 것은 적합하지 않다. 즉, "원죄가 정확하게 존재하며 그것이 무엇인가?"라는 것이 불분명하다.

기독교에서는 낙원에서 아담과 이브가 하나님의 말씀을 믿고 따르지 않고 행동한 것이 '원죄'이므로 지금 지상에서 어렵게 살고 있는 죄인인 인간이 구원받아 천국으로 가기 위해서는 무조건 하나님과 그리스도의 말씀을 믿고 따라서 의지하면 죄를 벗고 천국으로 가게 된다고 설명하고 있다.

실제로 원죄가 이미 있어서 지상에서 괴로움을 갖고 사는 것이라면, 하나님이 특별하게 만든 존재인 인간의 원죄로서는 다소 설명의 스토리가 단순하다. 특히, 하나님이라면 절대적 권능이 있으므로 얼마든지 잘못이 있을 때 바로 원죄를 교화시킬 수 있을 것 같은데 그렇게 하지 않고 지금껏 이렇게 죄를 유지하게 하면서 인간을 혼돈 상태로 지내도록 하는 목적도 쉽게 이해되지 않는다.

그런데 불교나 명상 그리고 다른 종교에서는 업보나 무지 때문에 인간이 지상에서 어렵게 살고 있다고만 이야기하고, 기독교에서와 같이 딱 찍어서 "말씀을 어기고 사과를 먹었으며 거짓말을 행했다."는 기독교의 이런 단순한 원인에 대한 설명 같은 것도 없다. 그냥 아주 오래된 옛날에 뭔가 안 좋은 것이 모이고 모여서 몇 가지 과정을 거치다가 결국 인간으로 태어나게 되었기 때문에, 무지한 상태로 세상을 살고 있다고 설명하는 식이다.

세상사가
헛되다

지금까지 대부분의 종교, 철학 그리고 명상은 정도의 차이가 있을 뿐이지 인간이 살아가는 지상의 현실을 일시적인 것으로 인식한다. 절대적 영원한 세계로 영혼이 가기 전에 일시적으로 머무는 곳, 온갖 어려움이 있는 고되고 힘든 곳, 근원적인 잘못이 있어서 태어나서 어려움을 겪는 곳, 좋은 곳으로 가기 위해서 선행을 베풀고 복을 쌓을 수 있는 곳, 무지한 상태의 자신을 수행하고 수련할 수 있는 곳, 그리고 재미있는 일도 있지만, 일시적인 상태인 곳으로 인식한다.

이런 범주의 시각을 가지고 현실을 대하면서 종교나 정신적인 스승들이 일반인들에게 가르침을 주어 왔다. 그리고 종교적인 가르침 이외에도 평범한 사람들도 현실의 어려움을 이해하고 극복하는 방법으로 철학, 명상과 같은 형이상학적 학문을 배우고 연구해 왔다.

세상의 일이 헛되다는 인식이 있기 때문에 반대로 인간이 절대계를 경험하는 것이 마치 최고의 경지인 것으로 알고 대우하게 되었다.

물론 절대계는 우리가 매일같이 보는 자연이 정확하게 돌아가는 상태의 근원이며, 작게는 길가에 이름 모를 작은 들꽃 하나도 정교하고 정확하게 만들어지고 존재하게 하는 근원의 힘이다. 이러한 절대적인 원칙이 지금 이 순간에도 존재하고 있고 적용되고 있음은 부인할 수 없다. 이것을 절대계라고 표현할 수도 있고, 우주의 법칙, 의식의 근원, 절대신 등 어떠한 형태로 부른다고 해도 하나의 근원적인 법칙이 동작이 된다는 점은 언제나 변함이 없다.

이러한 절대적인 법칙이 존재하기 때문에 우리가 살아가는 현재의 지상이 만들어져 있는 것이고, 인간도 존재하는 것이다.

들꽃 하나도 그렇게 정교하게 만들어져 운영되는데, 인간이 살아가고 있는 세상이 단지 벗어나야 하는 의미 없고 힘든 곳이라는 발상은 지나치게 단순한 인식이다. 인간의 역사가 변함없이 그 오랜 시간 지속되는 것은 반드시 의미가 있기에 그런 것이다. 고뇌와 번민, 고민이 단순히 벗어나야 하는 고통의 의미로만 인간에게 적용되는 것은 아니다.

오히려 이곳에서 알아야 할 것을 제대로 배우지 못하기 때문에 이러한 상황이 인간에게 계속되는 것이다.

세상사는 단순히 헛된 것이 아니며 오히려 세상에서만 할 수 있는 가장 중요한 일이 있다.

어려운 이웃을

돕는 것이 목적이다

주위를 보살피고 어려움을 공동으로 도와 해결하려는 것은 개인이나 사회를 위해서 필요하고 선하고 좋은 일이다. 또한, 그렇게 사는 것이 개인의 정신이나 몸의 건강에도 좋은 영향을 미칠 것이다. 더 나아가서 서로 돕고 살면 삶이 더 수월하다.

주위에 어려운 사람을 도울 수 있는데도 굳이 돕지 않고, 미워하고, 더욱 어렵게 만들고, 멀쩡한 사람들에게 범죄를 저지르고, 다른 사람을 속이고, 책임을 돌리면서 살아봐도 장기적으로 크게 자신에게 지속적으로 이익이 되지 않는다.

그래서 그런지 종교나 여러 단체에서는 일시적으로 머무는 이 지상의 세상에서 마치 영원히 사는 것처럼 욕심을 부리지 말고 나누어 주는 삶을 사는 것이 절대신의 의지를 올바르게 따라가는 것이라고 설명한다. 자신의 업보를 해소하기 위해서 어려운 이웃을 도와줘서 복을 쌓아야 한다거나, 도와주는 삶이 인간의 목적인 것처럼 이야기한다.

그리고 종교나 믿음이 없는 사람들도 그렇게 믿고 실천하는 사람이 많다.

이러한 내용은 "닭이 먼저냐? 달걀이 먼저냐?" 하는 이야기와 비슷한 예인데, 인생을 살아가는 과정에서 자신의 욕심을 억누르고 어려운 이웃을 도와가며 배우고 느껴서 자신의 내면의 삶의 목적에 도달하는 데 도움이 될 수도 있다.

반대로, 자신을 먼저 성찰하고 자신의 인생 목적을 발견해 나가는 과정을 통해서 정신적인 관점이 달라지고 자신에 대한 이해가 높아질수록 자연스럽게 갖고 있던 욕심에 대한 의미가 적어져서 굳이 도우려고 의도하지 않아도 도우려는 행동이 자연 발생적으로 이루어질 수도 있다.

여기서 다른 각도로 고려해 볼 점이 있다.

인간은 몸(물질)과 정신(비물질)으로 구성되어 있다고 할 수 있는데 인간으로 지상에 태어나기 전 태초에 상태라거나 혹은 죽음 이후에 저승에서 혼의 상태로 존재한다고 생각해 보자.

예를 들어, 도깨비나 귀신이나 혼 같은 존재라고 한다면 비물질의 상태이므로 어떠한 에너지나 물질이 실제로 필요하지 않다. 몸이 없어서 아프지도 않고 공간에 대한 제약도 없다. 덥지도 춥지도 않다. 배고프지 않고 집도 필요 없다. 돈도 필요 없다. 이것이 비물질 상태이다.

인간이 어떤 이유가 있어서 지상에 태어난 것이라면 태어나기 전부터 이유가 있었던 것이다. 그렇다면 그 이유는 비물질적이다.

인간에게 원죄라는 것이 있다면 그것은 비물질이고, 무지도 마찬가지이다. 그것에 대한 답을 찾아가는 것이 지상에서 세상을 살아가는 제일 중요한 목적이라면 어려운 이웃을 돕는 것은 부차적인 일이 된다. 스스로에 대한 답을 찾는 그것은 비물질적인 인간의 내면에 관한 것이기 때문이다.

어려운 이웃을 돕는 것은 개인이 자신의 무지를 알고 욕심과 분노와 같은 감정을 알고 극복해 나가면서 바른길을 걸어갈 때 자연스럽게 진행되는 것이다. 따라서 자연스럽게 내면의 상태가 되면 도움을 주는 행위가 나타나는 것이며, 먼저 행하는 것이 태어난 삶의 목적은 아니다!

사랑을

이야기한다

사람들이 사랑을 말할 때 그 범위가 넓고 다양하다.

자신에 대한 사랑, 자식이나 가족에 대한 사랑, 남녀 간에 사랑, 이웃이나 사회에 대한 사랑, 동물이나 자연에 대한 사랑, 국가나 인류에 대한 사랑, 학문과 사상에 대한 사랑, 신에 대한 사랑, 심지어 돈과 같은 물질에 대한 사랑 등등 수없이 많다.

그렇다면 인간의 사랑을 몸과 정신으로 나누어 생각해 보면 조금 달리 보인다. 예를 들어, 물질과 관련이 있는 사랑이라면 동물도 비슷하게 적용된다. 자연의 법칙을 동일하게 따르기 때문이다.

자신, 자식, 가족, 남녀, 이웃, 사회, 물질과 같은 것에 대한 사랑은 어느 정도는 동물 세계에서도 방식이 다를 뿐 유사하게 적용되는 경우가 많다.

인간만의 특성을 갖는 사랑은 오히려, 인류에 대한 사랑 같은 아주 넓은 개념의 사랑이나, 학문이나 사상과 같은 정신적인 것에 대한 사랑 또는 신에 대한 사랑 같은 것이 동물에는 없는 것이다.

지금까지 여러 기존 종교나 단체에서의 가르침 중에서 "하늘이나 신이 사랑과 정의를 원하고 있기 때문에 세상은 그렇게 움직이고 있다!"라고 이야기를 하는데 그건 그런 말을 하는 사람이 그렇게 믿고 싶은 자신의 희망 사항이지 실제가 아니다.

이렇게 이야기하는 이유는 지나간 역사, 우주의 운행, 동물의 행동 모든 점에 지금까지 지상의 세계에서 하늘의 법칙이 사랑과 정의의 방향으로만 적용되지 않았다는 것은 과거에도, 현재도 그렇다. 그러면 미래도 그럴 것이라고 예상하는 것이 당연하다.

절대신이나 우주의 이치는 스스로의 법칙대로 운행되는 것이지 인간이 생각하고 바라는 개념의 사랑과 정의를 구현하고자 운행되는 것이 아니다. 인간이 생각하는 사랑이나 정의라는 것은 우주 전체에 동일하게 적용되는 고정된 절대성이 없고, 상대적이며 주관적인 개념이기 때문이다. 어떠한 사람도 자기가 믿는 사랑과 정의라는 것이 모든 다른 인간과 생명체 그리고 우주의 입장에서도 절대적으로 동일하게 사랑과 정의로만 적용된다고 이야기하기는 어렵기 때문이다.

지금까지 인간보다 더 많이 수천 년 이상 사랑을 외치고 찬미하고 반복한 존재가 없다. 그런데도 그 결과로써 지금 현재 보이는 지상의 세계가 진정 사랑으로 충만되어 모두들 사랑으로 살아가고 있는지에 대한 대답은 스스로 해보아야 한다.

참나가
궁극의 경지이다

기존에는 참나가 에고를 넘은 인간이 도달할 수 있는 최고의 경지라고 믿었기 때문에 그곳에 도달하기 위해서 많은 수련과 수행이 이루어지게 되었다.

그래서 명상이나 불교, 전통종교 또는 힌두교 등에는 많은 분들이 그곳에 도달한 체험을 이야기한 것들이 많은데, 대개 다음과 같다.

"우주와 한 몸이 된 것 같은 무아지경으로 에고의 의식을 정화하고 원초의 마음으로 돌려놓는다.", "선정을 얻게 하고 인식이나 에고가 동작하지 않고, 행복과 평온의 완전에 도달한다.", "육신이 있지만, 육신이 없으며 절대적 기쁨과 지고지순으로 에고가 소멸한 상태이다."라고 이야기한다.

실제로 이런 상태는 궁극의 경지라고 할 만하다.

그러나 이런 상태가 진실로 참나의 상태는 아니다.

이 상태는 오히려 '절대계', '우주의 근원', '불성', '하나님의 자리'라는 표현이 적합하다.

만약 이곳이 진정으로 '참나'가 위치한 '절대계'의 자리라면, 불교 표현이라면 불성과 참나가 합일되어 열반이 되는 자리이다. 힌두교 표현이라면 브라만(梵, 범)과 아트만(我, 아)이 합일되는 범아일여(梵我 一如)의 자리이다.

힌두교에서는 이렇듯 아트만을 확고하게 참나의 개념으로 정립되어 있다. 그러나 불교는 지금까지도 이 부분에 대해 뚜렷한 입장을 취하고 있지 않다. 부처님이 참나를 특별히 언급하지 않고 무아를 설법하셨기 때문에 불교 내부에서도 어떤 분들은 참나를 인정하지 않고 무아만을 주장한다. 그러나 다른 분들은 부처님이 내세를 부정한 적이 없고 침묵을 했으며 윤회를 설법한 이유 등으로 참나, 자아, 영혼을 인정하고 있다.

기존의 설명으로는, 절대계는 에고를 완전히 넘어서는 자리로 에고가 소멸한 상태이다. 여기서 문제는 절대계를 실제로 경험한 이후에 발생하게 되는데 이런 참나를 찾고 나서 현실로 돌아오게 되면 다시 필연적으로 자신의 에고 때문에 벌어지는 현실을 느끼고 경험해야 한다.

궁극의 경지인 참나를 찾고 나서도 다시 에고로 인해서 갈등을 하고 에고에 또 휘둘리게 된다. 이런 현실적인 상황을 설명하기 사실 쉽지가 않다.

그래서 힌두교나 명상 쪽에서는 현실을 아예 벗어나 명상에 정진하여 가급적이면 계속 명상 상태로 절대계에 계속 머무는 것을 추구하면서 가능한 한 현실로 돌아오지 않으려고 한다.

불교 쪽은 이와 관련해서 두 가지의 이론을 가지고 지금까지도 의견이 엇갈리고 있다.

돈오돈수(頓悟頓修)는 찰나에 깨달아 부처가 되어, 더는 수행할 것이 없다는 이론이다. 그에 비해 돈오점수(頓悟漸修)는 깨달음 이후에도 점진적으로 닦아 나간다는 뜻이다.

만약 깨달음이 에고를 넘는 참나를 경험하고 아는 것이라면, 그 경험을 한 수행자는 절대계와 합일이 되었고 더 이상 필요한 수행은 없다고 생각되므로 '돈오돈수'라고 표현한다.

그런데 현실적인 상황을 더욱 받아들이는 수행자라면 그런 절대적인 상태를 경험했어도 현실에서의 생활을 다시 하면 깨달음의 경험 전보다 에고가 많이 줄게 느껴지지만, 그래도 여전히 에고가 느껴지고 경험하게 된다. 그래서 깨달음 이후에도 느껴지는 남은 습관을 '습기(習氣)'라고 표현하며 향을 담았던 그릇은 향을 비워도 향기가 남는 것으로 설명한다. 그래서 깨달음 이후에도 계속 자신을 닦아 그 습기를 제거해야 한다는 것이 돈오점수이다.

기존에는 에고를 극복하여 도달되는 경지가 참나의 자리라고 생각했지만, 실제로는 이것은 절대계에 대한 경험뿐이다. 따라서 경험에 대한 설명을 대부분 절대계나 혼에 관한 것이고, 참나만의 특징에 대한 설명은 없다.

예로써 기존에는 에고를 넘어서면 에고를 관찰하는 존재의 느낌, 객관적으로 사람의 내면을 지켜보고 있는 존재를 참나의 느낌이라고 한다. 그렇지만 절대계에 도착해서도 인식하는 나의 주체는 일단 계속 유지된다. 그런 경험이 바로 절대계와 참나가 합일된 것이라고 말할 수도 있지만, 다른 한편으로 보면 절대계와 참나는 합일되지 않고 분리되어 있다고도 말할 수 있다.

과거의 기존 생각이나 믿음과는 달리 수련자가 에고를 넘어 도달한 곳에 참나는 없고, 절대계만 있다면 절대적인 상태에 대한 느낌만 존재할 뿐, 이것은 참나를 찾은 것도 아니고 절대계와 합일한 것도 아니기 때문에 다시 현실로 돌아오면 에고가 느껴지는 것은 자연스러운 현상이다.

집착은
버릴 것으로만 생각했다

'집착'의 의미는 어떤 대상에 대하여 마음이 얽매이면서 계속 정신을 쓰는 것이다. 따라서 집착에 대한 관점은 부정적이다. 예를 들어, 옛날부터 전해오는 이야기에 나오는 귀신은 대부분 집착을 갖고 있기 때문에 지상의 세계에 머무는 것으로 표현된다. 귀신만이 아니고 지상에 살고 있는 인간들 사이에서도 고통과 범죄의 주요 원인은 집착이다.

인간은 살아 있는 상태에서는 거의 대부분 어떤 형태로든 집착과 욕심을 가지고 살아가게 되고, 동물은 욕심을 가지고 산다.

욕심을 가지면 대상에 대하여 마음이 얽매인다. 욕심과 집착이 어느 정도 중첩되기는 하지만 동물이 어떤 대상에 대하여 욕심을 가지고 계속 신경을 쓰는 것에 비해서 인간의 집착은 비교 불가할 정도로 강하고 크며 복잡하다. 따라서 인간에 비해서 동물은 집착은 없다고 표현해도 틀린 말이 아니다.

이렇게 집착에 대해 기존에는 긍정적인 면이 하나도 없고, 부정적으로만 생각했기 때문에 인류는 집착은 불필요하고 나쁜 특성이므로 버리고 극복해야 한다고만 생각해 왔다.

인간이 지상 세계에서 탄생한 이후에 지금까지도 그토록 버려야 하며 문제의 대상이었던 '집착'이지만 지금까지도 전혀 개선되지 않고 계속 집착을 부리며 살고 있다. 이쯤 되면 인간이 원래 근본에 악한 성품이 있고 원죄가 있어서 집착한다고 결론을 내도 될 정도이다.

다르게 생각하면, "욕심이 지나친 게 집착이고, 인간과 동물이 모두 욕심과 집착을 가지고 있지만, 동물은 뇌의 기능이 약해서 집착의 특성이 크게 나타나지 않는다!"라는 식으로 간단히 뇌의 기능 차이로 인간의 집착을 설명할 수도 있다.

그러나 '집착'은 인간만의 특이한 특징이다. 인간만의 특성은 대부분 고뇌와 번민의 영역과의 관련으로 발생한다.

따라서 부정적으로만 평가해 왔던 '집착'은 인간이 기존과 다른 관점과 목표로 갖게 된다면 그때는 오히려 중요한 특성이 될 것이다.

예를 들어, 절대계의 경지를 체험하고 그곳에 합일하고 싶어 하는 것이 목표라면 '집착'의 특성이 사용되는 필요성이 없지만, 살아가는 동안 태어난 목적을 찾고 알기 위해 내면에 집착한다면 인간에게 중요한 도구가 된다.

집착이 인간에게 계속 유지되는 고유한 특성이라면 거기에는 그렇게 존재하는 이유가 있다.

저승은

무서운 곳일 뿐이다

사람들 중에는 저승을 인정하지 않고 지상의 세계만 존재하는 것으로 생각하는 사람도 많다.

그렇지만 실제로 저승의 존재에 대한 증거는 예외로 하더라도 정신적인 세계나 저승과 관련되는 인간의 활동이 길고 매우 많다.

인간의 샤머니즘 사상은 뿌리가 깊고 많은 영향력이 있었다. 게다가 지금도 혼이나 귀신에 대한 무속 행위를 하는 사람이 많다.

특정 번호나 행위에 대한 징크스도 많이 있다.

지상의 세계에 보이지 않는 저승이나 신계의 다른 힘이 작용한다는 관념은 저승을 바라보는 관념과 동일 선상에 있다.

인류의 정신을 지배하는 종교도 저승의 개념이 포함되어 있다.

죽은 조상이나 부모에 대한 제례 의식은 저승을 인정하는 것이며, 죽은 조상이나 부모에게 보살펴 달라고 기원하는 것도 마찬가지다.

꿈에서 신이나 조상이 메시지를 준다는 개념도 동일하다.

영화, 소설, TV에서 저승에 대한 스토리가 다양하게 다루어진다.

저승을 믿고 믿지 않고를 떠나서 다양하고 광범위하게 개인의 사고와 생활이나 문화에 반영되어 있다. 저승을 그다지 믿지 않는 사람마저도 자신이 죽게 되면 정신이 모두 바로 다 사라지는 것이 아니라 환생하거나, 천국으로 가거나, 어딘가에 존재할 거라고 생각하는 사람이 많다. 그러면서도 그중 대부분은 자기가 죽어서 귀신이 되어 존재할 거라고는 생각하지 않는다.

　현실에서 인간이 몸(물질)과 정신(비물질)로 크게 구분된다면, 죽음 이후에 몸이 물질로 돌아가는 것은 너무 자연스럽다. 그렇다면 정신적인 부분은 비슷한 성격인 어딘가의 비물질로 합쳐져야 한다고 생각하는 것이 자연스럽다. 즉, 죽음 이후에 대부분의 정신이 합쳐지는 곳은 천(天)이다. 천은 절대계이므로 인간의 비물질은 대부분 그곳에 합쳐진다.

　그러나 저승계는 그곳과는 구별되는 곳이다. 저승계는 물론 절대계의 기반 위에 존재하며, 일부분의 혼이 머무는 곳이 저승계이다.

　살아 있는 동안 명상과 같은 수련이나 수행을 통해서 무아지경을 체험하는 곳이 절대계, 우주의 근원의 자리라면 그곳은 인식이 동작하지 않고, 에고가 완전히 소멸된 순수한 궁극의 자리이다. 그렇다면 그것은 집착을 갖는 귀신이 머물거나 존재할 수 있는 곳으로 표현되는 곳과는 다르다.

　인간의 비물질인 혼은 대부분 절대계에 합해지지만, 혼의 일부와 집착이 모여서 가는 곳이 저승계이다. 따라서 지상계와 저승계는 서로 쌍을 이루면서 공존하는 곳이다.

창조주도

의인화시켜왔다

 지금까지는 일부 종교에서는 우주의 근본 이치와 법칙에 대하여 이를 마치 물질적인 실체가 있는 대상으로 인식하면서 '창조주'라고 의인화하여 인식하고 표현해 왔다. 절대계에서 작동하는 근본 이치를 창조주라고 표현할 수는 있다. 하지만 그 창조주가 인간의 형태로 나타나거나 행동을 하는 것은 우주의 근본 이치를 인간이 인식할 수 있게 개념으로 의인화 것이다.

 우주의 이치가 절대계이며, 우주이든 인간이든 들꽃의 잎 하나까지 모든 것을 만들어지게 하고, 운행되게 하는 근원의 이치 자체이다. 그리고 어느 곳이나 존재한다.

 이런 근본 이치를 인간이 쉽게 이해하고 설명하기 위해서는 인간과 같이 의인화하는 것이 제일 간단한 방법이었을 것이다.

 그러나 그렇게 인식을 위한 단계를 넘어서 창조주가 특정한 인간한테만 나타나서 특정 메시지를 직접 전달했다거나, 특정한 장소와 사회에만 나타나 상이나 벌을 주는 행동과 같은 것은 오히려 창조와 질서의 절대적 경지를 인간이 이해 가능한 인간 입장의 신의 형태로 작게 만드는 행위이다. 만약 이렇게 의인화를 인정하게 되면 의인화된 존재인 절대자가 인간의 역사에 직접적이고 의도적으로 계속 자신의 의지를 개입해 왔음에도 인간의 현존 실체가 지금같이 문제성 많게 유지된다면 오히려 절대자의 권능이 필연적으로 훼손된다.

그리고 만약에 실제 그런 의인화된 형태의 창조주가 있다면, "왜 특정한 시대에만 직접 나타났는지? 부끄러워하는 것도 아닌데 왜 특정한 인간한테만 보였는지? 지금은 왜 나타나지 않는지?"에 대한 설명이 필요하다.

또한, "그렇게 오래전부터 인간에게 개입해서 잘못을 꾸짖고 하늘의 법칙을 따르도록 했는데 왜 지상이 수준이 아직도 이런지?"에 대한 답이 없다.

그래서 창조주는 의인화될 수 없다. 절대계의 근본 이치이기 때문이다.

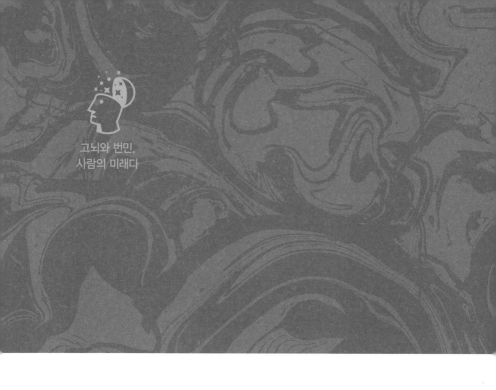

3부를 대표하는 그림, 〈고뇌의 경사면에 직면한 인간〉은 마치 시시포스처럼 고뇌가 발생해서 경사면을 힘들게 올라갔지만, 주르륵 미끄러져 내려가는 바람에 다시 힘들게 올라가야만 하는 인간의 심리적 상황을 표현하고 있다. 즉, 인간만이 가진 '고뇌와 번민의 영역'을 그린 것으로, 에고의 일부분이 변형되어 본래 에고와는 달리 고뇌와 번뇌, 번민, 객관적 시각, 사색 같은 특성이 발생한다. 그림으로 설명해 보면, 보이지 않지만 파란색 직각삼각형 바탕에 있는 흰색 정사각형은 '기본 에고'이고, 파란색 직각삼각형은 '고뇌와 번민의 영역'이다.

미래에 필요한

새로운 시각

고뇌와 번민,
사람의 미래다

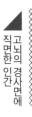

과거의 가르침과

다른 점

과거에 특히 종교의 가르침에서는 현실의 삶은 고단함과 어려움이 반복적으로 일어나는 고통과 번민의 세상으로 가르쳐 왔다. 그래서 인간의 삶의 목적은 신의 뜻을 믿고 따라야만 평온을 얻는다고 가르친 곳이 절대신을 강조하는 종교이다. 한편, 스스로 어둠을 헤쳐서 진정한 참나를 찾아야 한다고 말하는 종교도 있다.

불교는 열반과 같은 절대계를 강조하며, 그중에서 자신이 무아(無我)임을 깨쳐 어리석은 상태인 무명(無明)에서 벗어나도록 하는 가르침이 '소승불교'이고, 현실을 강조하는 시각으로써 어려움에 있는 주위를 도와 좋은 일을 해서 근원적인 잘못(업보)을 벗어 나간다는 가르침이 '대승불교'이다.

한편, 유교와 같이 종교성보다는 가르침이 강한 곳은 절대적인 신(神)보다는 인간이 지상의 세상에서 먼저 자신을 바로 갖추어서 넓은 세상을 경영하고자 하는 목표를 갖고 있다.

이렇듯 문화, 지역과 역사에 따라 여러 가지 방향으로 다양한 가르침을 주고 있었지만, 대부분의 유사한 관점은 인간이 살면서 발생하는 고뇌와 번뇌, 번민, 집착, 고통과 어려움은 에고의 한계 때문으로 본다는 것이다. 이러한 인식을 바탕으로 어려움에 대처 방법으로는, 신의 말씀을 따르거나, 스스로 극복하든가, 잊어버리든가, 적극적으로 참여해서 개선해 나가야 한다는 것이다.

그러나 이 책에서는 지금까지의 에고에 대한 평가와 다르게 설명한다.

에고의 한계로 인해서 인간이 다양한 어려움을 겪어 왔다는 것은 동일하다. 그러나 에고를 넘어서 절대계를 경험한다고 해도 에고의 영향에서 벗어난다거나 극복한다는 것은 가능하지 않다. 그러므로 에고를 극복하기보다는 먼저 속성을 이해하고 바라보아야 하고, 그 다음으로 고뇌와 번민의 특성을 이해함으로써 근원적인 문제점을 찾을 수 있다.

현재도 많은 사람들은 스트레스를 받거나 괴로우면 명상을 하거나 기도하거나 혹은 놀러 가는 방식으로 그런 불편한 상황에서 벗어나고자 한다. 여기서 명상이나 기도를 하는 방식은 절대계에 가까이 가는 경험을 추구하는 것이다.

놀러 가는 것은 인간이 느끼는 괴롭거나 불편한 감정을 일시적으로 벗어나서 피하고자 하는 행동이다. 그렇지만 놀고 난 다음에 다시 일상의 현실로 돌아오면 다시 스트레스가 시작되고 괴롭기 시작한다. 즉, 명상을 하거나 놀러 가는 것 모두 인간에게 일시적인 편안함을 주지만 근본적인 해결책이 아니기 때문에 얼마의 시간이 지난 후에는 계속 다시 반복해야 한다. 그리고 이런 반복의 주기는 점점 짧아지는 특성이 있어서 장기적으로는 효과가 크지 않다.

스스로에게 존재하는 고뇌와 번민을 넘거나 피하기보다는 자신이 갖고 있는 훌륭한 하드웨어인 뇌를 사용해서 알아가고 분석하면 다양한 원인으로 발생하는 것을 알 수 있다. 그런 과정을 통해서 결과와 그 원인에 대한 인과관계를 이해하면 결국에는 끝까지 정확하게 이해가 되지 않는 고뇌와 번민이 남는다. 이것이 근원적 요인에 의한 고뇌와 번민이다.

만약 살아 있을 때 자신의 근원적 요인에 의한 고뇌와 번민을 구분할 수 있다면 죽음의 순간에는 부정적인 집착이 아닌 근원의 고뇌의 원인에 대한 집착을 갖고 저승의 세계로 가게 된다. 이것이 인간이 자신의 문제를 최종적으로 해결하는 절차가 되며, 이러한 진행이 되기 전에는 자신의 문제는 해결되지 않는다.

그런데 기존 방식은 다른 관점을 가지고 있다. 예를 들어, 대승불교에서 이야기하는 보시, 지계, 인욕, 정진, 선정, 지혜와 같은 육바라밀(六波羅蜜, 보살이 열반에 이르기 위해 실천해야 할 여섯 가지 덕목)이 세상에서 보살행을 펼치는 데 필요한 덕목이라고 한다. 이것은 필자도 이견이 없지만 육바라밀로 인간의 근원적 문제를 해결하는 직접적인 방안이 될 수는 없다.

육바라밀과 같은 좋은 행동은 에고를 선하게 다스리기 위한 지침이나 방법이 되지만 이것이 인간의 근원의 문제를 해결하기 위해서 최종적인 수단이나 목표는 아니기 때문이다.

스스로에 대한 내면의 이해를 통해서 인식이 달라지고 동시에 사물을 바라보는 관점이 달라지면 그에 따라서 육바라밀이 결과로써 진행된다.

인간은 기본 에고의 영역보다 고뇌와 번민의 영역이 발달할수록 스스로를 객관적으로 바라보게 된다. 또한, 자기 자신이나 외부에 다른 객체에 대해서 무엇인가를 바라거나 필요한 것이 적어진다. 그러면서 내면에서 인식이 달라졌기 때문에 육바라밀도 자연스럽게 노력하지 않아도 발생되는 것이다.

그렇지 않고 세상을 좋게 만든다는 의지와 목표를 먼저 세우고 자신의 내면은 아직 충분한 준비가 되지 않은 상태에서 먼저 육바라밀을 하려고 하면 이것도 결국 욕심이며 자연스러운 진행의 순서가 바뀐 것이 되어 결국에는 좋은 결과를 만들기 어렵다.

인간은 자신의 내면을 먼저 알고 이해를 하게 되어서 그다음에 육바라밀이 되어야 한다. 그게 자연스러운 이치이다.

인간이 태어나는

논리

만약 인간이 다른 존재들과는 다르게 태어나는 이유와 목적이 없다면 몸의 물리적인 구성은 동물과 같기 때문에 서로 간에는 큰 차이점이 없다. 물리적인 구성은 유사하지만 동식물은 고뇌와 번민 없이 지상에서 자연에 적응하며 살다가 사라진다. 하지만 인간은 정신적인 특성이 너무 다르고, 삶을 영유하는 방식이 너무나 독특하다.

보통 흔히 사람들이 이야기하는 "인간만의 태어난 목적이 특별하게 있다."는 말이 "인간은 다른 존재와 달라야 한다!"라고 믿고 싶은 단순한 희망에서 나온 것만은 아니다.

인간을 관찰해보면, 삶을 살아가는 과정이 동식물에 비해서 지나치게 복잡하며, 동식물이 태어나면 자연에 순응하며 따르는 것과는 다르게 주관적인 의식이 강해서 자연의 질서나 법칙에 순응적이지도 않다. 게다가 스스로를 객관화해서 바라보기도 하고 사색은 물론 많은 고뇌와 번뇌, 번민을 갖고 산다는 점 때문에 너무나 자연적이지 않은 구별되는 특징을 갖고 있다.

이런 특징을 단지 "인간은 동물 중에서 특이하게 발전된 돌연변이이고, 뇌의 동작이 너무 빨라서 그런 특성들이 자동으로 진화된 것이다!"라고 간단히 생각할 수도 있다. 그렇다면 앞으로 출현할 인공지능의 경우에는 사람보다 몇백 배 또는 몇만 배 이상 동작과 판단이 빠르고 스스로 판단과 처리도 할 터인데 이런 경우에 인공지능도 인간과 유사하게 강한 주관과 객관성, 사색과 고민과 번민을 자동적으로 구현할 것이라고 생각하기는 어렵다.

결국, 인간은 고유한 특성이 있고, 그 특성과 관련된 이유 때문에 태어나는 것이다. 여기서 고유한 특성이란 몸보다는 정신적인 부분에서 발생하며, 정신적인 부분 중에서도 기본적인 에고나 혼과는 다른 부분에서의 고유한 특성이 될 것이다.

따라서 인간은 비물질적인 특별한 원인에 의해서 때문에 태어나기 때문에 그 원인을 알아내는 것이 삶을 살아가는 주요 목적이 되어야한다. 그 특정한 원인을 올바르게 알아낸다면 인간이 태어난 이유가 해소된다.

하지만 기존과 같이 절대계를 경험한다고 해도 그것으로 개개인이 태어난 원인을 알게 된 것은 아니다.

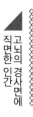

타인을 돕기 위해서 태어난 것이 아니다

동물도 같은 동족에 대하여 경우에 따라 간혹 서로 죽이고 상처를 주기도 하지만, 더 많은 경우는 서로 간에 도우며 산다. 이와 비슷하게 인간도 동물과 크게 다르지 않게 진화, 발전해 왔다.

인간이 타인을 돕는 것은 물질적인 것을 의미하는 경우도 많다. 어려운 사람에게 물질적인 지원이 필요한 경우는 상대가 물질적으로 너무 어려우면 생존의 제약이 커진다. 따라서 물질의 도움은 인간만의 특별한 의미와의 직접적인 관계보다는 몸의 생존 환경에 대한 도움이다.

그렇게 물질적인 조건이 일정 부분 충족되면 인간이 정신적인 목적을 추구하게 될까? 하지만 많은 경우에 물질에 여유가 있어도 삶의 목적을 추구하거나 찾지 못하는 사람이 더 많다.

오히려 '공수래공수거'라고 이야기하면서 자신만의 정신적 삶의 목적을 세우지 못한 상태에서 특정한 방향이 없이 매일매일 자신과 주위를 위한다고 생각하며 열심히만 산다. 이렇게 정신적으로 달성해야 할 뚜렷한 목표가 없게 되면 오히려 몸의 지원 기관이라 할 수 있는 감각기관의 만족을 위해서 살게 된다.

이렇듯 자기 내면의 정신이 아닌 물질적인 몸이 삶의 목적이 되면 눈에 보이는 색, 귀로 들리는 소리, 코로 맡아지는 냄새, 혀로 맛보는 맛, 몸으로 느끼는 촉감 그리고 의식에서 마음의 발생에 점점 더 집중하고 결국 집착하게 된다.

이렇게 사람들 모두가 진행되면 이런 분야의 산업이 고도로 발달한다. 고성능의 시각과 음향기기, 먹고 마시는 산업, 명품, 휴양과 휴식 산업이 크게 늘고 사람들은 자신의 시간, 노력과 돈을 사용한다. 게다가 자신의 마음이 극도로 중요해지면서 쉽게 상처받고 타인과의 마음의 거리가 더 멀어지게 된다.

이러면서 물질을 더욱 늘리기 위해서 집중한다거나, 영향력을 확대하기 위해서 노력하면서 살아간다.

인간 스스로가 타인과 마음의 거리가 커지는 상태에서는 방해받지 않고 혼자 있기를 좋아하거나 반대로 타인에 대해 봉사활동 같은 것을 하면서 타인을 돕고자 하는 행동을 하게 된다.

타인을 돕는 것은 좋은 일이다. 그러나 그것에 우선해서 자신의 태어난 목적을 알기 위해 준비하고 노력해야 한다.

자신의 내면이 이해되기 시작하고 생각들이 정리되면, 타인에 대해서도 자연스럽게 이해가 되면서 주위에 협조하게 될 것이다.

인간은 타인을 돕기 위해서 사회에서 사람을 만나고 있는 것이 아니다. 타인을 만나고 사회적 관계가 만들어지면 서로 간에 다른 특성과 생각으로 인해서 여러 가지 상황이 발생하게 된다. 그러한 상황이나 사건을 받아들이게 되는 내면에서는 다양한 감정과 반응이 일어나고, 이것이 내면을 바라보고 알게 되는 계기가 되기 때문에 서로가 만나는 것이다.

정신적인 공부를 한다는 목표를 가지고 사람을 피해서 혼자 수련하고 공부하는 사람들도 많은데 이런 경우는 수련이 잘 진행이 되면 절대계를 경험할 수는 있지만, 그런 방식으로는 인간관계를 통해서 내면을 성찰하는 배움과 탐구의 기회는 오히려 적어진다.

결론적으로, 타인을 진정으로 돕는 것은 인간이 우선 자신을 스스로를 알게 되면 결과적으로 자연스럽게 되는 것이므로 내가 돕고자 한다고 실제로 타인을 돕게 되는 것은 아니다.

나는 무엇을
극복해야 하나?

'극기'라는 표현이 존재하고 있고, 많이 사용되고 있다. 운동선수가 몸의 한계를 이겨낸다는 의미도 있지만, 이것은 단순히 육체적 극기만을 의미하기보다는 동작의 훈련을 하면서 발생하는 감정, 욕심 등을 이성적인 의지로 이겨 나가는 것을 의미한다.

제목에서 "무엇을 극복해야 하나?"라고 표현했지만, 정확한 대상은 물리적인 몸과 정신을 모두 포함한다.

기존의 가르침이나 설명에서는 인간이 살아가면서 극복의 주요 대상은 에고나 고뇌, 번민과 같은 지상에서 살아가면서 적용되는 대부분의 정신적인 부분이 포함된다.

수련자가 아닌 일반인들의 경우에도 스스로가 느끼는 마음의 문제점을 극복하거나 잊기 위해서 명상, 선행, 특정 대상에 몰두, 놀고, 먹기 등 다양한 행동을 한다.

일반적인 경우에 인간은 정신적으로 만족하고 평화로운 상황에서 특별한 새로운 시도를 하지 않는다. 그러니 정신적, 감정적 또는 물질적으로 불편하거나 불균형적인 상태가 되면 그것을 바로 잡기 위해서 새로운 시도나 행동을 하려고 한다.

그런 시도로써 자신 내면의 절대계를 경험하고자 수련하는 사람도 있지만, 더욱 많은 사람들은 단순히 놀고먹는 행위를 하면서 감정적으로 잊거나 피하고자 한다. 술, 담배, 마약은 물론 광적인 스포츠팬 활동과 취미 활동은 모두 무의식적으로 불균형을 잡거나 잊기 위한 것이다.

한편 정신적인 종교나 철학, 수련과 수행에서는 에고를 극복하여 안식과 평화로운 감정을 갖고자 한다. 그러나 절대계에 대한 경험이 된다고 해도 그것은 극소수의 사람에게나 지금껏 가능한 일이었다. 반면 그런 소수를 제외한 대다수는 그러한 체험을 제대로 접하지도 못하며, 한다고 해도 매일같이 언제나 수련만 하고 살 수 없는 현실의 제약 때문에 매우 제한적인 한계가 있다.

실제로도 전문적인 수련자나 종교인이라고 해도 자신의 고뇌와 번민 그리고 에고를 모두 극복하여 언제나 자신을 통제하기가 불가능에 가까운 상황이다. 그렇다면 일반인이 그렇게 되기는 더욱 어렵다.

이런 상황에서 기존의 여러 가르침에서는 변함없이 계속적으로 "에고가 문제다!", "에고를 극복해야 한다!"는 메시지로 세상을 가르치고 있다.

절대계를 체험할 수 있는 극소수의 수련자의 경우에도 그 경험이 에고의 역할을 작게 만들 수는 있으나 에고를 완전히 통제할 수 있게 하거나 고뇌와 번민을 완전히 없애지는 못한다.

만약 절대계에 대한 완전한 체험 후에 해당 경험자가 에고를 완전히 통제하게 만들 수 있고 고뇌와 번민이 소멸한다면 그 사람은 두 번 다시 명상을 해서 절대계를 또 경험할 필요가 없게 된다. 왜냐하면, 이미 지상 세계에서 나의 고뇌와 번민이 없어졌고, 우주의 진리가 모두 이해가 되었기 때문이다.

그러나 깨달았다고 이야기하는 사람들이나 절대신을 직접 만나고 체험했다고 하는 사람들의 대부분은 그 경험 이후에 더욱 명상에 빠져 살거나 계속 기도하면서 절대계나 절대신에 대한 계속적인 경험을 원하는 행동을 한다.

고뇌와 번민이 없어진 완전한 상태에서 그렇게 할 이유가 없다. 오히려 그런 완전한 경험을 했는데도 현실 생활에서 에고가 계속 느껴지고 고뇌가 또 발생하게 되니 그것을 받아들이지 못하고 다시 절대계에 접근하는 것이다. 심지어는 계속 명상을 하면서 아예 정신이 안 돌아오고 싶어 한다.

이런 상태는 실제로 고뇌와 번민이 없어진 것도 아니고 에고를 극복한 것도 아니다.

절대계나 절대신의 경험이 스스로에게는 완벽한 느낌일 수 있지만, 그것이 인간의 고뇌와 번민을 자동적으로 모두 없애지는 못한다.

게다가 현실적으로 대부분의 인간은 절대계 자체를 직접 경험을 할 가능성이 거의 없는 상황이다. 그 의미는 인간은 절대계에 대한 체험의 경험을 통해서 얻어지는 개개인의 삶의 목적이 없다는 뜻이기도 하다.

인간 모두가 에고를 기반으로 사는 상황, 고뇌와 번민을 느끼면서 살다 죽어야 하는 상황 속에서 답을 찾아야 하는 것이 우주의 이치적으로 합당하다. 처음부터 이런 조건을 만든 것은 우리 자신이 아니라 우주 근원의 이치의 작용 때문이며, 이유가 있기 때문에 그렇게 만들어져 있는 것이다.

동서양 공통으로 예전부터 나를 알아야 한다거나, 나를 이긴다는 표현이 있는데, 진정으로 나를 안다는 것은 "에고를 사용해서 살아가는 삶 속에서 스스로가 가지고 있는 이상과 신념이 과연 모든 것이 진짜인지, 어느 정도가 허상인지 구분할 수 있느냐!" 하는 것이다. 그리고 나를 이긴다는 것은 자신이 자기도 모르게 만든 스스로의 허상으로 세상을 판단할 수 있는 존재임을 스스로가 알고 바라볼 수 있게 되면, 그전의 내가 아닌 다른 상태가 되는데 이것이 나를 이긴 자이다.

어리석음은 많이 배워서
극복되는 것이 아니다

오래전부터 인간 사회는 '배움'이라는 것에 대하여 특별한 대우를 해왔다. 인간의 의식이 높은 수준으로 올라가기 위해서는 '배움'이 최고의 방법이라는 생각이 있었기 때문이다. 또한, 현실의 사회에서 높은 지위와 성공을 위해서도 배움은 가장 효과적인 도구였다.

그런 사고가 바탕이 되어서 종교인, 철학자, 학자는 물론 왕이나 정치 지도자, 일반인도 '배움'에 많은 시간을 보낸다.

그런데 지금까지의 배움이라는 것이, 예를 들어 종교라면 초대 창시자로부터 비롯된 경전들을 배우는 것이 되고, 철학은 유명한 철학자들이 남겨놓은 내용을 배우는 것이었다.

계급이 있던 시대에는 높은 계급은 경험의 세계를 초월한 존재하는 것의 궁극의 원인을 탐구하는 학문인 형이상학(metaphysics)을 위주로 배움을 진행하고, 중간 계급은 경험적이고 물질적인 것을 대상으로 하는 학문인 형이하학(physics)에 집중하여 실제적인 학문과 방법, 방안에 대한 배움과 실무를 하게 되었다. 그러나 낮은 계급의 사람들은 아예 배움 자체의 기회가 없거나 심지어는 배운다는 것 자체가 금지되었다.

현대에 와서도 배우는 것은 상대적으로 많은 기회를 창출할 수 있다. 그 이유는 많이 배운 사람이 능력 있고 더 현명할 것이며 심지어 더 이타적으로 사회를 운영할 것이라고 생각하는 사회적 관념 때문이다. 그러나 지금은 예전 계급 사회와 다르게 예전에는 상대적으로 낮은 대우를 받아오던 실무적 학문인 법학, 의학, 경제, 기술과 같은 형이하학이 현대에 와서는 높은 부가가치와 대우를 받게 되었다. 이와는 반대로, 과거에 높은 계급만이 독점하던 종교, 철학, 사상, 역사, 문학과 같은 형이상학과 문학적인 배움에 대한 사회적 인식과 대우는 옛날 시대보다 현재에 와서 상대적으로 낮아졌다.

이렇게 배움의 내용이 시대에 따라 달라지기는 하지만 배움 자체에 대한 필요와 갈망 때문에 현대에 와서 형이하학이든 형이상학이든 배운 사람들이 많게 되었고, 이렇게 광범위하게 배운 사람들이 많은 사회에서 살아가는 것은 역사적으로 처음 진행되는 상황이다.

그러나 지나간 역사에서부터 지금 이 순간까지 배움을 갖춘 사회적 지도자들이 일반인들보다 더 현명하게 판단하고 사회를 이타적인 입장에서 이끌어 왔다고 보기는 어렵다.

많은 배움이 실제적인 업무나 일을 효과적으로 처리하는 데에는 도움이 되기도 하지만, 이것은 실무적인 '형이하학'에나 해당한다.

과거에 최고의 계급들만 거의 독점하면서 융성했던 '형이상학'이 현대에 이렇게나 대중들의 관심에서 벗어나고, 낮은 부가가치를 창출하는 학문으로 대우받으며, 소외되는 현실은 오랫동안의 역사적 경험과 결과를 통해서 형이상학을 독점했었던 스승이나 지도자들이 실제로 인간의 고뇌와 번민을 크게 줄이지도 못했고, 사회도 현명하게 이끌지 못했다는 점 때문이다.

그래서 '형이상학'이 고차원의 대단한 것이 아니라 그냥 말만 많고 실체가 없는 관념적인 학문으로 취급받으면서 쓸모없게 취급받게 된 점이 있다.

그러나 인간에 대한 성찰 및 근원과 삶의 목적에 대해 탐구를 하는 '형이상학'도 배우고 수련해야 객관적 인식의 수준이 높아질 수 있다. 그렇지만 형이상학은 뚜렷한 대상을 분석하고 연구하는 형이하학과 달리 고정된 형태의 실체가 없는 것을 추론하고 개념화하는 것이므로 개인 간에 분업이나 협업의 현대적인 방식의 연구 방식을 적용하기 어렵고, 개인이 혼자는 스스로 이해하기 어렵다.

사회생활에 필요한 부족한 지식은 실무적인 배움을 갖추면 극복이 되어 간다. 그러나 인간의 내면에 대한 사고와 개념, 에고, 고뇌와 번민에 대한 내용은 일반적인 배움을 통해서는 다소 도움을 주기는 하지만 결국 이해되거나 극복되지 않는다.

내면의 어리석음을 형이하학적 배움으로만 극복하고자 하는 것은 "보고 듣고 맡고 먹고 만지고 느끼고"와 같은 인간의 감각기관을 통해 지식을 쌓아서 극복하려는 방식이며, 이런 감각을 통한 방식만으로는 인간의 근본적 내면의 어리석음을 개선할 수 없다.

스스로 굳건히 믿는 신념과 이상일지라도 언제든 그중에 일부가 내가 믿는 것과는 달리 왜곡된 것이 있다고 생각할 수 있는 자세가 형이상학적 내면 공부의 시작점이다.

자신의 무의식에서 에고가 나에게 정밀하게 맞추어서 만들어내는 허상을 인식하지 못하고 이것이 바로 나의 생각, 나의 믿음, 나의 가치관으로 믿고만 살면 자신을 결국 알지 못하게 되고 나의 내면에 대한 공부도 올바르게 진행되지 않는다.

부처님이 인간의 감각과 판단이 허상임을 이미 3,000년 전에 가르쳤고, 그전에 힌두교에서도 그런 유사한 인식과 가르침이 예전에 이미 있었다. 그렇다면 지금의 시대에는 한 단계 더 나아가서 우주의 근본의 이치를 인식하고, 동시에 에고에서 내면적 허상을 만들어 내는 특성까지 이해하고 탐구해서 이것을 총제적으로 이해하는 것이 지금의 새로운 가르침이 되어야 한다.

그러나 아직도 인간은 자신의 의식을 허상이 없는 진리로만 믿고 에고에 이끌려 다니고 있어서 결국 자기의 에고를 넘지 못하고 있다.

교육 과정과

배움의 길

인간이 에고를 넘어서 절대계의 상태를 체험하거나 그에 대한 깨달음을 얻는 것이 최종 목적은 아니다. 모든 존재는 원래부터 절대계에 속해 있었고, 지금 이 순간에도 그 범위에서 살고 있으며, 죽어서는 그곳에서 흩어지기 때문에 절대계에 대한 경험이 살아서 달성하고자 하는 목적이 될 수 없다.

또한, 절대계 자체는 인간이 태어나는 이유와도 직접적인 관계가 없고 그래서 절대계를 통해서 윤회를 벗어난다는 믿음도 적합하지 않다. 따라서 이런 방향에 대한 배움은 인간이 추구해야 하는 정신적인 교육과 배움의 길이 아니다.

인간이 지금까지와 달리 앞으로 해야 할 일은 현실을 살아가면서 벌어지는 많은 사건들과 그에 따른 자기 내면의 반응에 대해서 뇌라는 하드웨어와 자신을 주관적으로 보는 에고, 그리고 객관적으로 볼 수 있는 고뇌와 번외의 영역이라는 소프트웨어적인 능력을 사용해서 내면의 모순이나 문제점을 규명해 나가는 것이다.

그러나 실제로 자신의 모순이나 문제점은 1차원적으로 단순하지가 않고 그 원인이나 진행 과정이 복잡하게 얽혀 있다. 이렇게 내면을 파악하는 것이 쉽지 않기 때문에 인간에게 교육과 배움이 중시되는 것이다.

이와는 반대로 동물은 자신이 살아가면서 필요한 정보는 태어나서 조금 성장하다 보면 대부분 자동적으로 습득이 이루어지고 정보량이 적기 때문에 조금만 배우는 것으로 충분하다.

인간은 자신의 모순이 무엇인지도 살펴봐야 하고, 감각기관을 통해 외부 대상에 대해 분석도 하고, 실체가 없는 관념과 감정, 인식도 탐구해야 하므로 아주 고난도의 사고와 이해 수준이 필요하다. 이를 위해서는 형이하학부터 시작해서 형이상학까지 다양한 배움이 사전에 필요하고, 여기에 더해서 객관적인 시각, 고뇌와 번민으로부터 체득하는 경험과 감각이 합쳐져서 통합적 사고가 되어야만 한다.

그다음으로는 에고가 의식과 무의식에서 어떻게 반응하고 동작하는지를 인식하면서 의문을 갖기 시작하면, 그때부터 내면의 탐구가 비로소 가능해진다.

가르치고

배우는 이유

만약 인간에게 절대계에 대한 경험, 신에 대한 배움, 그리고 죽음 이후에 신에게 가는 것이 최종적인 답이라면 인간은 태어나서 의무교육만 마치면 그 후에는 명상만 하고, 신에게 기도만 하면 되지 다른 학문을 계속할 이유가 없다. 그리고 사회 활동도 열심히 노력하면서 살아야 할 이유도 사실 없다.

자신의 뇌를 그렇게 쓸 이유도 없고 스트레스를 받으며 사람들과 생활하는 이유도 사실 없어진다. 그냥 조용히 책 읽고 명상하고 기도하면 충분하다.

그렇지만 만약 죽기 전에 자신의 모순이나 문제점을 최대한 분석해서 자신에게 주어진 고뇌와 번민의 근본 원인을 파악해야 한다면 그것을 잘하기 위해서는 혼자는 어렵기 때문에 인간들은 사회에서 서로 가르치고 배워야 한다. 인간의 일생이 길지 않기 때문에 짧은 기간 안에 모든 것을 혼자서 준비하고 배우고 이해하는 것보다는 효율적이기 때문이다.

그래서 내면에 대한 성찰을 시작하기 전 단계에서 세상에 있는 기존에 기록된 정보를 사회에서 가르치고 배우게 된다.

그러나 문제는 세상의 유명한 가르침이라는 것이 대부분 너무 고정되어 있어 현실에 맞지 않는 점이 많다는 것이다.

예를 들어, 유교는 교리 자체가 상당히 가르침과 배움을 강조했고 동양의 과거 시대의 교육과 행정에서 매우 큰 영향을 주었다. 그러나 지금은 유교의 가르침을 가르치고 배우는 사람은 매우 적다.

이유는 유교의 가르침이 현실에 적합하게 맞지 않기 때문이다.

모든 가르침과 배움은 현실에 맞고 인간에게 직접적으로 도움을 줄 수 있는 살아 있는 교육이어야 한다.

한 가지만 예를 들면 일반인도 많이 들어본 '수신제가치국평천하'라는 말은 "먼저 몸과 마음을 닦아 수양하고 난 후에 집안을 안정적으로 유지하고 이끌며, 그 후에 나라를 다스리고 천하를 평정한다."는 의미이다. 훌륭한 표현이긴 하지만, 도대체 실제로 집안을 어떻게 안정적으로 만들며, 일반인이 나라를 다스리고 천하를 평화롭게 한다는 가르침이 자신에게 필요하고 쓸모 있게 느껴지는 현대인이 과연 몇 명이나 될까 싶다.

처음에 저런 표현이 나왔을 때는 왕도 시대이므로 적합한 표현이었겠지만, 오랜 시간이 지나면서 다시 시대에 맞는 해석이나 표현으로 바뀌어야 하는데 그렇지 못하고 수천 년이 지나도 똑같아서 현실에서 도움이 되지 않는다. 도움이 안 되니까 배우지 않게 되는 것은 자연적인 흐름이다.

예를 들어, 수신제가치국평천하를 현대에 맞게 다시 풀어서 설명한다면 아래와 같다.

- 수신(修身): 나의 몸과 마음을 닦고 열심히 세상을 배우고 경험하며, 내면의 모순이 있음을 깨닫고 그 내면을 탐구한다.

- 제가(齊家): 내면의 탐구까지 이루어지면 그 후에는 자신이 바로 이해되며, 그다음으로 부모, 형제, 조상이 지금까지와는 다른 관점으로 이해가 되고 더욱 깊이 있게 서로를 알게 되어 이제는 주위 사람들이 갖고 있는 고뇌와 번민에 도움이 되는 말과 행동을 할 수 있게 된다. 그러면 주위가 안정되고 조화가 되어간다.

- 치국(治國): 나라를 다스린다기보다는 부모 이외에 주위의 인간관계나 사회에 대하여 자신의 정신적 수양의 결과가 펼쳐지고 제공되어서 폭넓게 사회에 긍정적인 도움과 영향을 줄 수 있다.

- 평천하(平天下): 개인 스스로가 내면의 삶의 근원의 문제를 바라볼 수 있고 이것을 해결한다면 그것은 개인의 문제를 넘어서 인간이라는 전체의 근원적 문제가 해결되는 시작점이 된다. 그래서 개인 하나하나가 전체와 동일하게 중요하다.

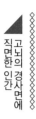

죽음을
슬퍼해야 하는 이유

기존의 가르침이 실제적인 삶 속에서 살아가야 하는 인간의 감정이나 현실과 맞지 않는 경우가 많이 있는데 그러한 것에 대한 진지한 토론이나 분석이 많지 않았다.

죽음에 대한 것도 그중의 하나이다. 만약 신에 대한 믿음, 절대계에 도달, 우주의 근원의 이치에 대한 깨달음이 인간이 도달해야 하는 최종의 목표라면 신이나 우주의 근원에 도달하는 것은 인간이 죽게 되면 어렵지 않게 가능하다, 그러면 우리는 죽음을 슬퍼해야 할 이유가 대부분 사라진다.

심지어는 열심히 공부하고 사회생활을 하고 노력해야 하는 이유도 약해진다.

기존의 설명을 극단적으로 적용하면 인간이 태어나서 기본 교육만 마치면 바로 신의 말씀만을 따라서 오직 기도를 계속하거나, 명상에 집중하거나, 정신적인 지도자의 가르침만 충실히 따르고 노력만 하면 된다. 그러다가 죽음을 맞이하는 경우에 나이가 젊든 나이가 많든 관계없이 그런 사람들은 가르침대로라면 죽음 이후에는 절대계로 돌아가거나 신에게 가게 된다.

이런 결과가 적용된다면 그런 상대방의 죽음에 대해서 주위 사람들이 슬퍼하기보다는 축하하고 즐거워하고 부러워해야 한다. 그런데 현실에서 이렇게 행동하는 사람이 없다. 정상적인 사람이라면 상대방의 죽음에 대해 아쉬워하고 슬퍼하며 안타까워한다. 그것은 인간의 의식과 무의식 모두에서 그것이 슬픈 일이라는 것을 알기 때문이다.

타인의 죽음에 대해서도 왜 그렇게 오랫동안 아쉬워하고 슬퍼할까? 인간은 태어나서는 교육을 받으며 자라야 하고, 다양한 배움과 많은 경험을 해야만 자신의 내면에 대한 고뇌와 번민을 바라보고 근원을 깊게 생각하게 된다. 그렇게 되기까지는 누구나 상당한 시간과 노력의 과정이 필요하다.

그런데 만약 주위에서 누군가가 일찍 죽는다면 그런 기회 없이 저승으로 간 것이 되므로 그것을 아쉬워하고 안타깝게 생각하고 슬퍼하는 것은 자연적이다.

설령 나이가 많이 들어 죽음을 맞이한다고 해도 인간으로 태어나서 해야 할 일을 모두 완수하지 못하고 저승으로 가게 되는 것이므로 마찬가지로 아쉬워하고 안타깝게 생각하고 슬퍼하는 것이 맞다.

연로하신 분이 별다른 병을 겪지 않고 죽음을 맞이하면 천수를 누렸다고 호상(好喪)이라고 표현하는 경우도 있지만, 이것은 단지 슬퍼하는 유족을 위로하는 말로서는 의미가 있지만 실제로는 맞는 말이 아니다.

인간의 출생을 축하하는 이유가 태어나고 살면서 인생의 목적을 달성할 기회를 받았다는 것을 축복하는 것이며, 인간이 죽음을 맞이하면 나이가 많든 적든 이번 생에서 목적을 달성하지 못했음을 아쉬워하며 슬퍼해야 하는 것이다.

진정한 호상은 나이가 많든 적든 관계없이 살아 있을 때 그 자신의 고뇌와 번민의 문제를 통해 인생을 더 이해하게 되고, 경험을 통해서 내면을 올바르게 정리하여 결국에는 근원의 문제에만 집착을 갖고 죽음을 맞이하는 것이다.

이런 사람은 자신의 태어난 모든 목적을 살면서 스스로 달성했다고 할 수 있고 이것만이 호상이다.

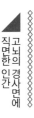

인간은 생각보다

결함이 많다

흔히 사회에서 많은 사람들이 인용하는 말 중에 "거짓으로 상대방을 속일 수는 있을지 모르나 자기 자신의 마음은 절대로 속일 수가 없다."라는 말이 있다.

그러나 에고는 얼마든지 에고가 속해 있는 자기 자신의 느낌이나 감정, 생각 그리고 마음을 속일 수 있다.

인간이 객관적 사색의 능력을 사용해서 이런 상황을 제대로 분별하지 못하면 자기 에고의 휘둘림의 영향 안에서만 사고(思考)가 머물게 된다. 이렇게 자신을 올바르게 바라보지 못하고 스스로를 조금씩 착각하는 상황을 결국 이해하지 못하고 평생을 살다가 죽음을 맞이하게 된다.

인간이 알고 바라봐야 하는 대상은 외부가 아니라 나 자신을 구성하고 있는 나의 에고이며, 이러한 에고는 나의 전체가 아닌 기능을 담당하는 존재라는 것을 인식해야 한다. 에고는 몸(물질)이 효과적으로 유지, 관리, 보존되기 위한 목적으로 운영되는 비물질적인 작용이다. 이렇게 물질에 대한 운영에 최적화된 에고 위주로 인간이 살아간다면, 인간만이 가진 특성인 고뇌와 번뇌, 번민, 객관적 관점, 사색, 성찰과 같은 특성에 대한 효과적인 분석이 이루어지지 않게 된다.

또한, 인간에게 일어나는 더욱 복잡한 상황은 개인이 완전하게 에고로만 살지도 못하고 오히려 기본 에고의 특성과 고뇌와 번민의 영역의 특성이 서로 충돌이 계속되는 것이다. 기본 에고와 고뇌와 번민의 영역은 서로 같은 비물질로서 충돌이 일어나기 쉬운 구성이며 충돌이 일어나면 인간의 내면에서 다양한 정신적인 번민이 계속되는 운명적인 구조를 벗어나기 어렵다.

누구나 자신에 대해서 생각하고 믿는 것보다 결함이 많다. 이것을 알아차리는 것이 자신에 대한 올바른 노력의 시작점이다.

고뇌와 번민은

없앨 수 없다

인간이 몸을 가지고 살아 있는 동안에는 고뇌와 번민은 줄일 수는 있지만 완전하게 없애지는 못한다. 설령 죽어서 혼이 되어도 그것은 남아 있게 된다.

고뇌와 번민을 없애 보려는 행위로 명상을 하고, 취미나 운동, 학문에 몰두하거나, 이성을 만나고, 가족이나 사회에 열정을 바치고, 종교를 통해 신을 느끼려고 하고, 광적인 스포츠나 연예인 팬이 되거나, 동물을 키우거나, 사색을 하거나, 물질과 세력 그리고 권력을 탐하거나 등등 무엇을 한다고 해도 모두 없어지지 않는다. 심지어 마약과 같은 강력한 약품을 사용하는 경우에도 정신이 혼미하겠지만 깨어나면 마찬가지다.

수련을 통해 절대계나 우주의 근원에 접근하면 평안함과 완벽한 순수를 느끼고 고뇌와 번민이 그때는 사라졌겠지만, 그 후에 다시 정신이 현실로 돌아오면 고뇌와 번민이 당신을 기다리고 있다.

인간에게 사색 능력과 자신을 객관적 시각으로 보는 그런 능력이 죽기 전까지 없어지지 않듯이 고뇌와 번민, 고민도 마찬가지로 없어지지 않는다.

인간의 특별한 정신적인 요소인 객관적 시각, 사색적 특성은 자신이 만든 특성이 아니다. 원래 태어나면서부터 어떤 원인에 의해서 인간에게 생성되었고 여기에 추가로 에고나 다른 요인들 때문에 더욱 확대되어 존재하는 것이다.

노력을 통해서는 일반적인 고뇌나 번민들이 줄어들지만 그럼에도 불구하고 가장 근본적인 고뇌와 번민의 특성은 인간이 없애지 못한다.

인간만의 사랑은

무엇인가

자신, 자식, 가족, 남녀, 이웃, 사회, 물질과 같은 것에 대한 사랑은 어떻게 보면 자연적인 이치에 따라 진행되는 자연 발생적인 사랑이다. 그래서 이것을 인간만의 사랑이라고 정의하기는 어렵다.

인간만이 다른 사랑으로는 인류애, 학문, 사상, 신(종교)에 대한 사랑이 있다. 이 중에서 종교적 사랑을 예로 들어 본다면, 특히 기독교에서 사랑을 많이 이야기하고 가르치고 있는데, 자신의 내면을 이해했다는 그리스도는 사랑을 펼칠 수 있지만, 대다수의 신도들은 아직까지도 자신 스스로의 내면과 고뇌와 번민을 이해하지 못했다면 타인에게 진정한 사랑을 줄 수는 없다.

인간이 할 수 있는 타인에 대한 특별한 사랑은 나를 알고 타인을 이해하게 되는 것이다. 이렇듯 인간만의 사랑을 하기 위해서는 우선 자신이 스스로의 내면에 삶의 목적을 이해하고 자신의 가능성에 사랑이 먼저 진행되어야 한다.

자신의 내면이 이해가 되기 전에는 자신을 구성하는 물질적 요소와 비물질적인 요소들 간에 생명이 있는 동안 서로 잦은 충돌이 계속적으로 발생되고 유지되지만, 자신의 가능성을 사랑하게 되면 내면을 구성하는 모든 요소들이 서로 조화가 시작된다.

개인이 자신의 고뇌와 번민에 대해서 힘들어하다가 결국에는 이를 이해하게 되면 이제부터는 자신의 고뇌와 번민을 통해서 자신의 근원적인 문제에 접근해 갈 수 있게 된다. 자신을 이해하게 된 존재만이 비로소 주위에 사람들도 각자의 문제를 갖고 있고, 언젠가는 같은 길을 가야 하는 존재로 새롭게 이해되기 시작한다.

타인을 이해하게 되는 것은 인간에 대한 관점이 변경되는 것이다. 나 자신과 마찬가지로 다른 사람들도 몸으로 인한 감각에 이끌리고 현실에서 더욱 자신이 유리하게 되려고 에고의 활동을 벌이면서 괴로워하고 즐거워하거나 심지어 나쁜 행위를 벌인다.

게다가 인간의 더욱 어려운 상황은 자기 자신의 세 가지 내부 특질이 서로 계속 충돌하면서 마음을 편하게 만들지 않는 것이다. 서로 다른 특질이란 우선 자신의 물질적인 몸, 다음으로는 욕심, 분노, 무지와 같은 기본 에고, 그리고 마지막으로 객관적 시각과 사색의 특성이다. 이와 같은 내면의 어려움에서 인간은 자유롭지 못하다.

자신의 내면을 탐구하고 이해하게 된 이후에 다른 사람들이 아직도 이런 내면의 어려운 상태에 처해 있으며 그런 상황에서 각자의 삶을 살아가고 있음을 마음으로 이해하게 된다. 상대를 이해하고 사랑하는 것은 마음으로부터 상대방의 존재가 언젠가는 자신의 근원적 목적을 달성해야 하는 나와 동일한 존재임을 알고 바라보는 것이다.

이것은 나 자신을 알게 된 인간만이 가능한 특별한 사랑이다.

내면의 어리석음을 알고 이해하면 주위나 상대방에게 바라는 것이 없기 때문에 오히려 그때부터 진정한 선행과 사랑이 가능하다.

무엇을 깨달았고, 무엇을 가져가셨을까

• 석가모니는 무엇을 깨달았을까?

29세에 출가한 싯다르타는 바르가바를 만난 후에 아라다-칼라마(Arāda-Kalama), 우드라카-라마푸트라(Udraka-Ramaputra) 등에게 차례로 사사 받고, 다시 극한의 고행을 했으나 고행으로는 깨달을 수 없다는 것을 알고 우유죽을 드시고 7일 후 보리수 밑에서 35세에 크게 깨달음을 얻고 80세까지 교화를 행하시다가 입적했다고 한다.

싯다르타는 깨달은 이후에 바로 두 명의 스승들에게 본인이 깨달았던 것을 교화하려 했으나 이미 죽고 없음을 알고 함께 고행하던 다섯 수행자를 만나러 가셨다. 깨달음을 얻기 전 싯다르타는 바르가바가 고행을 수행하는 것을 보았고, 아라다-칼라마로부터는 마음의 작용이 정지된 무념무상의 상태에 이르는 수행을 배웠고, 우드라카-라마푸트라로부터는 순수한 사상만이 존재하는 생각이 있는 것도 아니고 생각이 없는 것도 아닌 비상비비상처(非想非非想處)에 이르는 길을 배웠다고 한다.

이런 설명이라면 석가모니는 무념무상의 상태와 비상비비상처도 도달한 이후에도 다시 몇 년간 고행하다가 결국 우유죽을 드시고 그 후에 결국 더할 나위 없는 깨달음의 경지라는 무상보리(無上菩提)를 35세(36세라고도 하는 곳도 있다)에 올바른 깨달음이라는 정각(正覺)을 이루었다. 그 후 깨달음의 진리를 전하는 것을 "사람들이 이해할 수 있을까?" 하고 망설였으나 범천(梵天)이 간곡히 권하여 결국 설법하는데 이를 '범천권청(梵天勸請)'이라 한다.

그러나 석가모니가 80세까지 45년간 불법을 설한 내용의 주요 내용이 연기법과 무아와 같은 절대적 실체가 없다는 것 그리고 팔정도(八正道)인데 이게 과연 석가모니의 최후의 깨달음의 전부인지 의문이다.

고행 전에 만난 두 명의 스승으로부터 배운 내용이 에고를 극복하는 과정에 대한 것이었고 이것에 대해 완벽히 이해가 되었던 싯다르타는 이미 절대적 실체가 없다는 점과 무상, 연기법 정도는 고행 전에도 알고 있던 것 같다. '열반'에 이를 수 있는, 여덟 가지인 정견(正見), 정사유(正思惟), 정어(正語), 정업(正業), 정명(正命), 정정진(正精進), 정념(正念), 정정(正定)의 바른길(正道)을 말하는 팔정도의 구체적인 설명은 기존 스승의 가르침에 없다.

그런데 석가모니의 대부분의 가르침이 처음에 석가모니가 깨달음 이후에 사람들이 이해할 수 없을 것이라고 말할 수 있는 내용이 아니다. 오히려 너무나 탁월하고 이해가 쉬운 바른 내용이었다. 그렇기 때문에 석가모니의 가르침을 받고 단번에 깨달음에 도달하여 많은 아라한이 배출되었던 것으로도 확인할 수 있다.

석가모니가 두 스승에게 가르쳐주고 싶었던 사람들이 이해하지 못할 것이라고 생각했던 깨달음이 무엇이었을까? 팔정도? 아니다. 팔정도는 누구나 가르치면 이해가 되는 가르침이기 때문이다. 그것이 무엇이었는지 설명이 전해 내려오지는 않는다.

한편으로, 석가모니는 깨달음 이후에 가르침의 내용은 소승적이지만, 행적은 대승적이었던 다소 상반되는 행동을 하셨던 이유가 석가모니가 깨달은 최고 수준의 내용을 이해할 만한 제자가 없어서 나올 때까지 계속 기다리며 설법을 하고 교육을 하게 된 것일 수도 있다.

예상이지만 석가모니는 기존 힌두교에서 절대적으로 믿고 있는 에고와 참나라는 기존에 구도에 대하여 그렇지 않다는 깨달음도 가지셨던 것이 아닌가 한다.

• 그리스도는 무엇을 가져가셨을까?

독생자 예수님이 이 땅에서 살다가 모든 인간의 죄를 대속해 주셔서 우리는 죄 사함을 받아 다시 영생을 살 수 있다고 이야기한다. 만약 그리스도가 모든 인간의 원죄를 대신 가져가신 것이라면 모든 인간은 원죄가 없으므로 천국으로 가야만 한다. 아니면 최소한 에덴으로 돌아가야 한다. 그런데 왜 우리는 아직도 여기서 그리스도가 오기 전에 살던 인간이나 별로 다른 점이 없이 살고 있는 것인가? 구약성서에 우리는 모두 원죄를 지었기 때문에 지상에서 괴로움을 겪고 있는 것으로 묘사되어 있는데 그렇다면 원죄가 없는데도 동일하게 지상에서 괴로움을 겪고 있는 것을 설명해야 하는데 지금까지의 관련된 해석이나 설명들이 많이 억지스럽다.

따라서 그리스도가 가져간 것이 있다면 우리 모두의 원죄를 가져간 것으로 보기는 어렵다. 오히려 인간이란 존재가 그리스도도 몰라보고 불신하며 죽음으로 내모는 잘못을 저지르는 존재임을 실증적으로 직접 보여줬다. 인간의 믿음에 허상이 있고 그것을 모르면서 계속 스스로의 생각이 옳다고 하며 사는 것이 우리의 내면의 진정한 죄라는 것을 보여준 것 같다.

참나가 아니다

참나라는 개념은 아트만과 같은 맥락이다. 인간의 모든 활동에는 근원적인 변하지 않는 주체가 있다고 보는 것이다. 소승불교(小乘佛敎)의 '무아(無我)'와는 다른 개념이다. 부처님이 무아도 이야기하셨지만, 윤회도 언급했다고 해서 대승불교(大乘佛敎)에서는 대체적으로 참나 사상을 포함해서 대중들에게 설법을 해오고 있다. 윤회의 개념에는 근원적인 변하지 않는 주체가 필요하게 생각되기 때문이다.

종교의 논리를 떠나서 인간이 사색을 하게 되면 근원적으로 변하지 않는 자신의 주체를 느끼게 되고, "나의 주체는 영원한 참나이다!" 이렇게 믿고 싶은 희망이 드는 것이 자연스럽다.

그래서 죽음 이후에 하나님의 나라로 가는 주체가 있다고 생각하거나, 또는 윤회를 하는 주체를 인정하는 것이다.

여러 문화권에서 광범위하게 받아들여지고 있는 인간의 정신적인 주체를 참나라고 한다면, 기독교 문화권에서는 신성을 회복한 내가 하나님의 절대계에 돌아가는 주체를 의미이며, 명상, 힌두교, 불교 일부에서 의미하는 참나는 나를 구성하는 불멸의 근원으로 절대계 자체에 가깝다.

보통의 경우에 참나라는 용어는 주로 명상, 힌두교, 불교 일부, 전통 신앙 등에서 사용되는 것을 의미한다. 인간이 에고와 참나로 이루어져 존재한다고 이분법으로 생각하며 이 중에서 현실 세계는 청정하지 못한 에고의 세계이며, 참나의 세계는 절대계의 세계라는 인식이다. 그래서 참나의 세계가 인간의 궁극적 목적이 되며, 전부가 된다.

만약에 인간이 에고와 참나의 구성이 맞는다면 참나가 인간이 도달할 수 있는 최종의 목표가 된다.

그런데 실제로 참나를 경험하고 도달했다고 이야기하는 분들이 역사 속에 많은데 이분들이 다시 에고의 세계로 돌아와서도 삶을 영유해야 하면서 계속 참나와 에고 사이를 왔다 갔다 하는 행동을 하는 것을 보면 정말로 이분법적으로 바라보는 생각이 적합한 것인지 의문이 발생한다.

만약 어떤 곳이 궁극점이라면 그곳에 도달하면 모든 것이 해결되는 것이 자연스러운 이치이다. 그런데 모든 것이 해결된 이후에 다시 미해결된 곳으로 돌아와서 머물다가 다시 궁극점인 참나를 또 만나야 한다면 처음부터 궁극점이 참나라는 전제가 적합하지 않다.

참나가 인간에게 절대계이며 궁극적인 도달점이라는 인식에 있어서 또 하나 걸림돌은 동물도 같은 구성인 점이다. 동물도 에고의 운영체계를 가지고 우주의 법칙대로 움직이고 있다.

이런 식의 이분법적인 구조에서는 보면 인간은 극도의 수련과 수행을 통해서 극소수의 사람만이 체험했다는 절대계가 동물은 수련을 하지 않기 때문에 도달하지 못할 뿐이지 이미 가지고 있는 영역이 된다. 이렇게 되면 인간이 특별한 존재가 아니고 오히려 에고에 의해서 동물보다도 정신적으로 힘든 삶을 사는 존재가 되어 버린다.

　절대계가 우주의 근본의 이치라면 당연하게 동물이든 식물이든 인간이든 모든 존재에 동일하게 포함된다고 이야기할 수 있다.

　그래서 인간만의 특성으로 절대계는 해당되지 않으며 참나가 절대계에 존재하지도 않는다. 참나는 어디에도 존재하지 않고 오직 혼과 영이 있다.

4부를 대표하는 그림, 〈완전한 존재로서의 영〉은 우주를 운영하는 존재인
'영'을 완전체인 원으로 표현하고 있다. 영은 절대계, 절대적인 상태, 우주의
근원의 이치와는 구분되며 또한 참나도 아니다. 그렇지만 인간 존재의 근원
으로서 영도 절대계의 범위 안에서 존재한다. 그림으로 설명해 보면, 원형
이 바로 '영'이다.

4부

인간의

존재 목적

고뇌와 번민,
사람의 미래다

인간 이전의

존재

인간이란 형태의 존재가 생기기 전에 존재를 '인간 존재의 근원'이라고 일단 표현한다면, '인간 존재의 근원'은 물질적인 상태가 아닌 비물질적 상태로 존재하는 것이다.

그렇다면 '인간 존재의 근원'이 비물질 상태였기 때문에 인간이 생각할 수 있는 의식주 등 어떤 것도 필요 없다. 배도 고프지 않고, 추위도 상관없고, 잠도 필요 없고, 돈도 필요 없고, 집도 필요 없다.

반대로 현재 세상을 살아가는 인간은 몸이 있기 때문에 많은 것이 필요하다. 그러나 만약 의식이나 혼처럼 비물질적인 상태로만 존재한다면 인간은 근본적으로 필요한 외부의 조건이나 물질이 하나도 없다.

이렇듯 생존의 조건이나 물질이 전혀 필요 없는 '인간 존재의 근원'은 주위나 외부에 필요한 것이 없기 때문에 그런 상태에서는 물질적 욕심이 발생하지 않는다.

현재처럼 물질적인 몸을 갖는 인간의 형태가 우주의 법칙에 따라서 지금과 같이 존재해야 한다면 그렇게 되는 원인과 이유가 있다.

원래 비물질 상태이므로 물질이 필요하지 않은 '인간 존재의 근원'이 어떤 특별한 이유가 있어서 인간의 물질적인 몸과 연관되어야 한다면 그 원인에는 물질과 관계가 있어야 한다. 우주의 법칙은 아무런 인과 관계없이 지속적으로 상호 간에 관계가 지속되지는 않기 때문이다.

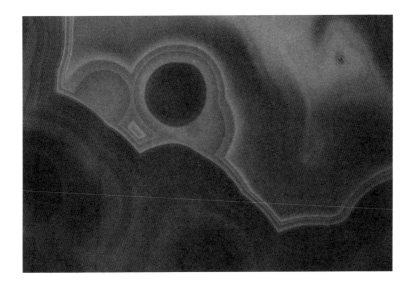

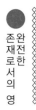

모든 것의
근원적인 상태

인간의 발생 이전에 천, 지, 인은 어떻게 존재하고 운용되고 있었는지 생각해 볼 필요가 있다. 이것을 알 수 있는 유일한 방법은 현재 존재하는 지금의 상태를 보고 관찰하면 알 수 있다.

그런 판단을 하는 이유는 우주의 근본의 이치는 시공간에 따라서 변화하지 않고 언제나 동일해야 한다. 따라서 지금 현재를 구성하는 원리와 태초 이전의 원리는 동일하기 때문에 존재하는 것들의 상태나 모습이 완전히 다를지라도 근본은 동일해야 한다.

모든 것의 이전인 만물의 근원적 시점에서도 지금과 마찬가지로 모든 성분이 동일하게 존재한다. 이런 시각을 바탕으로 생각하면, 태초의 근원적인 상태에서도 비물질과 물질 성분이 혼재되어 있다.

현재도 인간의 몸이 비물질(정신)과 물질(몸)로 구성되어 있으며 비물질과 물질 이외에 다른 것은 인간이나 자연계에 존재하지 않는다.

태초의 근원적인 상태에서도 당연하게 우주의 근본의 이치가 존재하므로 이치에 따라 운영되는 법칙이 있다.

현재도 우리가 경험하는 만물은 모두 우주의 자연적인 법칙이 적용되면서 운영되며 우주의 법칙이 적용되지 않는 상태는 존재하지 않는다.

태초의 근원적인 상태에서는 이치에 따라서 법칙을 운영하는 주체가 있다.

태초나 지금이나 언제나 모든 것에는 운영의 주체가 존재한다. 몸에도 몸속에 장기별로 역할이 있고, 세포도 세포별로 역할이 있고 인간도 몸을 운영하는 에고가 있고, 사회도 운영의 주체가 있다.

태초의 근원적인 상태에서 비물질과 물질로 혼재되어 있는 상태에 대해서 특별한 비물질이 주체가 되어 운영을 한다.

현재도 몸(물질)과 정신(비물질)로 이루어진 인간을 운영하는 주체는 비물질인 정신이다. 반대로, 어떠한 경우에라도 비물질을 물질로 운영하는 경우는 존재하지 않는다. 아주 단순한 예로 하드웨어로 소프트웨어를 운영하지는 않는다.

이제 태초에 근원적인 상태에서 우주의 근본의 이치와 법칙에 따라 운영을 담당하는 비물질을 '영(靈)'이라고 표현해 보기로 한다.

그러면 태초의 근원적인 상태에는 비물질과 물질 그리고 운영하는 역할을 하는 비물질인 영이 존재한다.

영의 운영 과정

태초의 근원적인 상태에서의 영은 우주의 근본의 이치에 순응하면서 존재하며 다음과 같은 상태이다.

'영'은 완전한 비물질 상태이다.

'영'은 운영을 담당한다.

'영'은 다수(많은 숫자)로서 각자의 역할이 있다.

현재도 인간이나 동물의 운영은 내부에서 각각의 다른 세부 목적에 따라서 작게는 역할을 하는 세포들 그리고 크게는 장기(臟器)들로 나뉘어서 운영된다.

그다음으로는 운영의 과정을 보면, 태초의 근원적인 상태의 비물질과 물질의 혼재된 상태에 대하여 완전한 비물질인 '영'이 운영을 하면 운영 대상과 서로 영향을 주며, 물질적인 움직임도 발생한다.

현재도 정신만으로 생각을 하거나 정보 교환을 하게 되면 움직임은 필요 없지만, 이와는 다르게 물질의 특성은 영향이 있으면 움직임이 수반된다.

인간이 몸을 움직이는 것도 비물질인 의식이 우선적으로 움직임을 하려는 정신적 목적을 정하면 물질인 몸에 명령을 내리는 과정을 거쳐 몸이 움직이게 된다. 이런 과정을 거치면 몸은 물론 정신도 부분적으로 몸의 영향을 받는다.

완전한 비물질인 '영'이 비물질과 물질의 혼재 속에서 운영을 계속하면 서로 다른 상태 사이에서의 반응에 의한 의도하지 않은 영향이 생기고 이것이 영에 반영되고 축적된다. 영향이 축적되는 것은 일종의 왜곡이 일어나는 것으로 이해하는 것이 쉬울 수 있다. 이런 현상은 '물질과 비물질 사이에 간섭적인 효과'이며 이를 앞으로는 일단 '간섭 반응'이라고 표현하기로 한다.

현재도 에고가 인간의 몸을 운영하는데 이때 에고가 비물질이므로 몸으로부터 영향을 하나도 받지 않는 것이 이론적으로 맞아 보이지만, 실제로는 에고가 몸으로부터 받는 영향이 있다.

그런 과정을 순차적으로 생각해 본다면, 첫 단계는 완전한 비물질인 '영'이 운영의 대상인 외부의 물질과 비물질과의 지속적인 접촉으로 인하여 발생하는 '간섭 반응'이 '영'에 반영되기 시작한다.

두 번째로 이런 '간섭 반응'이 일정 규모 이상 영에 반영되면 완전한 비물질로서의 운영에 문제가 발생하기 시작한다.

세 번째는 그럼에도 '영'이 계속적으로 운영을 정상적으로 유지하기 위해서는 결국 '영'이 '완전한 비물질'과 '간섭 반응에 영향을 받는 비물질'로 분리된다.

네 번째로는 '간섭 빈응에 영향을 받는 비물질'인 '영'이 분리되면서 운영의 대상인 물질과 비물질도 같이 분리가 이루어진다.

이렇게 완전히 분리가 이루어지고 난 후에는 태초의 근원적인 상태의 운영의 대상인 비물질과 물질은 많은 부분이 그대로 유지되며, 남아 있는 완전한 상태의 '영'은 운영을 그대로 계속한다.

간섭 반응이 적용되는 '영'은 내부에 축적된 왜곡이 주로 물질적 특성에 의해서 발생한 것이므로 운영의 대상이었던 다수의 물질과 일부 비물질과 함께 분리되어 존재하게 된다.

이렇게 물질을 중심으로 재구성된 것이 우리의 우주이다. 우리가 인식하고 있는 지금의 물리적 우주는 천, 지, 인의 표현에서 '지'에 해당한다. 우리가 천체 망원경으로 보고 이해하는 모든 우주는 태초 상태에서 분리된 일부분으로서 물질 중심의 물리적 우주이다.

그리고 '지'에는 변함없이 우주의 근본 이치가 적용된다. 여기에서 우주의 근본 이치가 '천'이다.

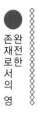

원죄가

생긴 이유

'원죄'라고 널리 사용되고 있어서 '원죄가 생긴 이유'라고 적었지만, 원래부터 원죄는 존재하지 않는다.

아마도 원죄라고 표현을 해야 고대 사람들이 이해가 쉬울 것 같아서 '죄'라고 설명을 계속했고, 이제는 너무 오래 그렇게 전승되어 왔기 때문에 원죄라는 표현을 종교에서의 신자는 물론 비종교인도 자연스럽게 사용하기도 한다.

실제로 원죄가 있다고는 할 수 없으며 오히려 비물질과 물질적 존재의 차이에 의한 현상으로 일종의 '왜곡' 또는 '간섭 반응'이 생성된 것은 이미 설명했다.

완전한 비물질인 '영'이 간섭 반응을 하게 되어 정상적인 운영에 문제가 발생했는데도 스스로 정화되어 고쳐지지 않고 계속 축적이 되는 이유를 나누어 볼 수 있다.

우선, 운영의 주체인 '영'을 운영하는 더 상위 개념의 주체가 존재하지 않기 때문이며, 그다음으로는 '영'이 외부를 운영할 수 있지만, 자신을 대상으로 운영하지는 못하기 때문이다.

현재도 인간은 자기 몸의 내부 장기가 문제가 있을 때 직접 해결하지 못한다. 이렇듯 몸의 장기 자체도 스스로 장기를 고치지 못하며, 작게는 세포 스스로 자신(세포)을 고치지 못한다.

다른 이야기지만 인간의 의식인 정신도 스스로 올바르다고 믿는 스스로의 생각에 대해서는 직접적으로 문제에 닥쳐서 어려워지기 전까지는 문제를 쉽게 인식하지도 못할뿐더러 직접 고치려고 하지 않는 특성이 있다.

'간섭 반응에 영향을 받는 비물질'인 '영'이 이렇게 운영의 대상이었던 물질, 비물질과 함께 분리되어서 지금 우리가 인식할 수 있는 세계가 만들어지게 되었다.

그래서 현재의 우주는 물질을 중심으로 구성되어 있고 변함없이 우주의 이치를 따라 운영된다. 이렇게 구조와 진행에 의한 문제는 있었다고 해도 원죄와는 관련이 없다.

지금까지 많은 사람들이 인간의 에고를 문제가 있는 상태라고 인식해 왔다. 이러한 인식에 따라서 원죄 때문에 지상에서 헤매는 인간의 혼은 문제 있는 에고의 수준을 벗어나지 못하고 있는 자아 상태로 생각한다.

그러므로 인간은 고뇌와 번민이 있는 탁하고 무지한 상태의 에고를 벗어나야 광명의 세계에 도달한다고 인식했다.

그러나 앞에서의 '영'의 설명과 이유 때문에 에고는 몸을 운영하는 존재이지 고뇌와 번민을 일으키는 주체가 아니다. 또한, 에고는 자기 위주의 판단으로 세상에 피해를 줄 수는 있어도 원죄라는 것과도 아무런 관련이 없다.

인간의 몸은 태초의 근원적인 상태에서의 물질에서 비롯되었다. 그리고 인간의 정신은 다층적인 비물질로 구성되어 있다. 이것을 크게 절대계, 기본 에고, 그리고 에고의 변형된 부분으로 구분한다.

에고의 변형된 부분이 발생하는 이유는 분리된 '영'이 인간의 기본 에고에 영향을 주면서 발생하는 것이다. 따라서 동물에게는 존재하지 않는다.

'간섭 반응에 영향을 받는 비물질'인 '영'이 주로 물질적 대상과의 상호 영향 때문에 왜곡되었기 때문에 '영'은 축적되어 있는 내부의 특성이 외부의 물질과 연관 관계를 갖게 된다. 하지만 간섭 반응을 갖는 '영'이라고 해도 완전한 비물질의 특성이 강하므로 서로 간에 차이가 너무 큰 물질과 직접적으로 연동되지는 않는다.

그래서 '영'은 물질보다는 이를 운영하는 비물질과 연관 관계를 형성한다. 이것이 인간의 몸을 운영하는 비물질인 에고와 '영'이 연관되는 이유이다. 그러나 동물에게 '영'이 연동되지 않는 이유는 동물의 에고는 너무 단순한 수준이기 때문에 '영'과의 격차가 너무 크기 때문이다.

'영'이 인간의 에고에 연동되게 되면 에고의 비물질이 강한 영향을 받아서 변형이 일어나게 된다. 이 부분이 형성됨으로써 고뇌와 번뇌, 번민, 객관적인 시각, 사색이 가능한 인간만의 정신적 특성이 발생하세 된다. 마치 이것은 태양의 중력, 달의 중력이 지구에 직접적인 접촉 없이도 지구에 영향을 미치는 것과 유사하다.

이렇듯이 인간에게나 에고에는 원죄는 없다. 그럼에도 인간에게 정신적인 갈등과 어려움이 발생하는 것은 '영'이 있고 그것이 인간의 에고에 영향을 주기 때문이다.

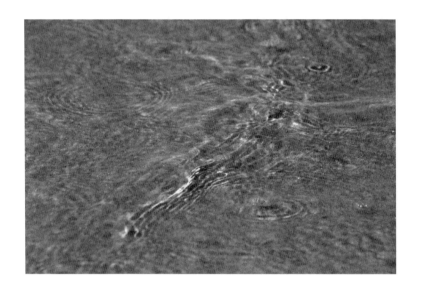

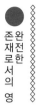

원죄를 없애는 과정

원죄는 없고, 간섭 반응의 '영'이 존재하여 그것이 에고와 연관된다.

그렇다면 축적된 간섭 반응을 없애는 과정이 필요하게 되는데 그 대상이 '영'이며, '영'의 영향을 받는 에고는 아니다.

에고는 몸의 운용을 담당하는 비물질이기 때문에 동물도 역시 존재한다. 에고가 원죄가 있다면 동물도 에고 때문에 원죄가 있는 것이 된다. 물론 전생에 죄가 있어서 동물로 태어났다는 이야기도 있지만, 정신적으로 고민하거나 고뇌하지 않는 것으로 보아서 죄 때문에 동물이 된 것은 아니다.

우리는 욕심과 분노, 이기심, 미움, 공격성, 적대성, 자기중심적인 특성과 같은 부정적인 것들이 에고 때문에 발생하는 것이라고 본다. 그래서 에고가 원죄가 있거나 문제점이라고 생각해 왔다.

그러나 에고의 존재의 목적 자체는 담당하는 물질적 객체를 최적으로 운영하고자 존재하는 비물질이다. 그런 구체적인 목적 때문에 언제나 담당하는 몸을 우선시한다. 여기서 우선시한다는 것은 몸을 안전하고, 편안하고, 유리하게 만들기 위해서 판단을 하게 되므로 자연 발생적으로 욕심, 분노, 이기심, 미움, 공격성, 적대성, 자기중심 등의 특성이 쉽게 나타나게 된다.

그래서 에고가 있는 동물도 정도의 차이만 있고 동일한 자기중심적인 반응이 나타나는 것이다.

이런 특징은 에고가 의도적으로 만들기보다는 우주의 근본의 이치 안에서 그렇게 운영되므로 원래부터 그렇게 부여받은 특징이다. 이것은 물질을 운영되는 공통된 원리이므로 이를 무조건 문제라고 할 수 없다.

자기중심적인 에고의 행동을 보이는 동물에 대해서 우리가 자연적인 법칙을 따르는 행위로 보면서 비난하지 않듯이 마찬가지로 인간의 에고도 그렇게 적용되는 것 자체는 비난받을 사항이 아니다.

물론 인간은 그래도 동물과 다르기 때문에 동일하게 판단하는 것은 안된다고 말할 수 있다. 그렇다면 인간의 다름이 원래 어디에서부터 출발하는지를 먼저 알아야만 한다.

기본 에고는 동물과 인간에게 공통적인 것이며, 인간만의 다름은 '영'과 연관되어 객관적인 시각, 사색 같은 특성이 발생될 수 있는 조건이 되기 때문이다.

그렇게 되면 인간의 정신적 특성은 동물과 비교할 수 없을 정도로 복잡한 상태가 되는데 그 내용은 다음과 같다.

인간의 정신이 복잡하게 만드는 영향들을 나누어 보면, 우선 '영'이 에고에 영향을 주어서 간섭의 반응이 정신에 발생하는 것이다.

그다음 영향으로는 에고가 몸의 감각기관의 영향으로 물질로부터 영향을 받으며 이기적인 특성인 욕심, 분노, 이기심, 미움, 공격성, 적대성, 자기중심적 성향을 보이게 된다.

또 다른 영향으로는 기본 에고의 특성과 고뇌와 번민의 영역의 양쪽 간에 충돌이나 간섭이 쉽게 일어난다.

이런 이유로 인간은 내면의 정신 상태가 이미 충분하게 복잡한 조건이 되는데, 여기에 더해서 개개인 간에 사회적으로 얽히면서 더욱 복잡성이 심해진다.

이런 극도로 복잡한 정신적 상황에서는 대부분의 인간은 눈앞의 현실에서 발생하는 복잡한 상황을 이해하고 처리하느라 영의 영향을 이해하기도 어려워 아예 알지를 못하고 현실에서 그때그때 대처하며 산다.

이런 복잡한 인간의 정신 상태를 정리해 나가면서 근원적인 왜곡을 이해하고 접근하기 위해서는 동물과 달리 먼저 학습과 공부, 경험, 성찰, 사색을 갖추어야만 하고 그다음으로 어떤 것이 본질인지 가려낼 수 있다.

만약, 본질의 원인을 가려낼 수 있다면 없애는 방법도 있다.

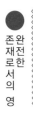

고뇌와 번민이
인간의 존재 목적이다

인간의 객관성, 사색적 특성으로 발생하는 고뇌와 번뇌, 번민, 객관적인 시각, 사색은 개개인이 모두 다르다. 모두 다른 이유는, '영'의 역할이 각각 모두 달랐기 때문에 축적된 간섭 반응도 다르기 때문이다.

현재 모든 인간도 각각 몸의 특성이 다르고, 그에 따라 에고의 운영도 다르다.

이렇게 '에고'도 서로 다른데 여기에 연관되는 '영'도 모두 다르기 때문에 고뇌와 번민의 영역도 사람마다 모두 다르다. 이렇게 변형된 특성이 인간의 본성이라고 할 수 있다. 즉, 영은 주체이고 본성은 영에 의해서 나타난 에고의 독특한 특성이다. 이곳은 고뇌와 번민의 영역이다.

에고가 이기적이고 주관적인 특성이 강하지만, 여기에서 발생되는 인간의 본성인 고뇌와 번민의 영역은 객관적인 특성이 강하다. 이러한 변형된 특성과 기본 에고가 서로 간에 특성의 차이가 크면 클수록 인간은 고뇌와 번뇌, 번민, 사색의 기운이 내면에서 증가하게 된다.

이런 상태에서 인간은 현실을 살면서 대부분 고뇌를 느끼며 살게
된다.

〈고뇌와 영원히 동행하는 인간〉. 인간이 고뇌와 번민, 사색을 마음속에서
느끼는 상태를 표현한 그림이다.

인간이 명상, 수련과 수행을 통해서 에고 중심으로만 살아가는 것
을 벗어날 수 있다면 바람직하다. 하지만 그것이 수련의 하나의 과정
일 수 있으나 에고를 벗어나는 것이 인간의 최종 목표는 아니다.

배우고, 노력하고 수련을 해서 자신의 지식과 경험을 쌓아서 몸과
에고에서 발생하는 각종 번민과 문제점을 파악하는 것이 우선해야
할 방향이다. 계속 올바른 방향으로 문제를 파악하고 이를 해소해
왔지만 그런데도 계속적으로 남는 고뇌와 번민이 있다면 이것은 결
국 몸, 에고, 사회로부터의 원인으로 인해서 발생한 것이 아닐 수도
있다.

이렇게 "원인을 파악할 수 없는 고뇌와 번민은 '영'의 자체적인 이
유에 의해서 파생되는 결과물이 아닌가?"라는 의문이 생긴다.

이런 의문이 강해지면 인간은 자신의 의문에 대해 '집착'을 갖기 시

작한다.

우주 근원의 이치는 필요하기 때문에 특정한 특성을 모든 인간한테 빠짐없이 적용되도록 하는 것이다. '집착'도 마찬가지다.

인간한테 필요하기 때문에 모두가 갖고 있는데 올바른 사용 대상에 적용되지 못하고 있어서 물건이나 타인에 대한 욕심을 부리는 방식으로만 사용되었기 때문에 부정적인 결과가 나타나는 것일 뿐이다.

귀신이라고 표현되는 존재도 결국 집착이 강한 혼을 표현하는 것이다. 집착을 버린 저승세계의 존재는 귀신이라고 표현하지 않는다.

"근원의 고뇌와 번민의 원인이 무엇일까?"라는 의문에 집착하는 것은 필요한 것이며 이것이 인간으로서 수행해야 하는 최종 과제이다. 죽음 이후에는 일부의 혼이 저승으로 가게 되는데 만약 혼이 집착이 없다면 저승으로 가지 않고 대부분 지상에서 절대계로 바로 사라지게 될 것이다.

만약 저승에 간 혼이 갖고 있는 집착이 물질이나 세속적인 것이라면 그 특성이 지상계의 요소이므로 저승계로 가서도 계속 지상계와 연결이 되어서 집착이 유지된다.

그러나 만약 혼이 가지고 간 고뇌와 번민이 '영'의 간섭의 반응에 관한 것이라면 특성이 지상계와 달라서 지상과 연결이 되지 않고 오히려 '영' 쪽에 연동된다.

원래 '영'은 인간에게 연동되어 영향을 주지만 에고와 어떠한 교류도 없고 정보도 주고받지 않는다. 비록 같은 비물질이지만 서로 간에 특성이 너무 다르기 때문에 직접 연결이 되지 않기 때문이다.

이렇게 교류하지 않는 '영'은 언제나 그대로 존재하며 자신의 간섭 반응도 그대로 갖고 있다.

그러나 저승계로 돌아간 집착을 가진 혼이 '영'에 대한 집착만을 가지고 있다면 지금까지 서로 특성이 너무 달라서 연결되지 않았던 '영'과 저승계에 있는 '혼'이 연관되면서, 상호 작용이 일어난다.

이렇게 되면, '영'이 직접 인식하게 되고 알게 되어서 스스로 내부의 왜곡 또는 간섭 반응에 대해 개선하고 운영할 수 있다.

모든 존재는 바르게 알면 변화되고 조정되면서 새롭게 운영되는 것이 우주의 근본의 이치이다.

인간이 몸을 가지고 살아가면서 준비, 탐구, 노력해서 죽음 이후에 이런 역할까지 해내야만 자신의 본성을 만든 '영'을 회복시켜서 우주를 다시 완전하게 만들 수 있는 역할이 된다.

이런 역할은 절대계가 스스로 하는 것이 아니며 '영'도 못 하고 어떤 혼이나 귀신도 하지 못한다. 오직 인간만이 가능하다.

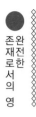

미래 인공지능은 인간과 유사할까?

동물과 유사할까?

　자연계에서 매우 독자적인 특성을 갖는 인간에 대해서 알아보았다. 지금까지 특별한 비교 대상이 존재하지 않기 때문에 인간에 대해서만 이야기했지만, 최근 들어 주목할 만한 대상이 빠르게 발전되고 있다.

　인간이 자신을 모델로 인공적으로 만들고 있는 '인공지능 구조와 방식'이 바로 그것이다. 예전부터 논의되고 개발되고 있던 인공지능이 특히 지금 많은 논의가 되고 있으며, 개발이 급속히 빨라져 본격적인 진행 단계에 돌입한 상태이다.

　인공지능은 주로 컴퓨터나 기계 장치 등의 운영을 담당하는 비물질적인 소프트웨어로 인간적인 특징을 갖는 운용 체계이다. 입력되는 정보를 분석하고 판단하며 스스로 학습하고 새로운 결과를 만들어 자율적으로 변화하고 적응하는 것을 목표로 한다.

　인공지능이 앞으로 고도로 발전한다면 운영을 담당하는 컴퓨터, 기계장치 그리고 시스템들을 대상으로 최적으로 운영하고자 자율적으로 동작하고 관리하게 된다. 이렇게 되면 인간의 에고와 유사한 특성이 발생하게 된다. 인공지능이 관리 대상에 대해서 안전하게, 유리하게 만들게 판단을 하고 대응도 한다. 그리고 이런 특성이 지나치게 되면 마치 인간의 욕심, 분노, 이기심, 미움, 공격성, 적대성, 자기중심적인 특성과 다를 바가 없다.

감정이 없는 인공지능에게 마치 감정적인 에고가 있는 것 같은 특성이 발생하는 이유는 자신이 관리하는 범위 안의 정보를 우선적으로 받아 이를 기준으로 판단하기 때문이다. 인공지능은 관련된 모든 직간접적인 정보를 사용하는 것이 아니라 인공지능이 받을 수 있는 한정적 정보 범위에서 판단하게 된다. 이렇게 진행되면 필연적으로 담당하는 범위를 우선시하는 '이기적'인 것과 같은 대응이 발생하는 것이다.

여기까지는 인간이나 동물의 에고와 인공지능이 모두 유사하다.

가까운 미래에 만약 뛰어난 인공지능이 개발되어 광범위하게 적용이 된다면 인공지능이 생산성에서는 인간과 비교 불가의 우위를 차지한다. 인공지능의 기능이 컴퓨터나 기계장치, 심지어는 인간의 뇌와 같은 생물적 기능과도 접목되어 초고성능의 효율을 낼 것이기 때문이다.

인공지능은 인간과 달리 배고픔, 추위, 고통이 없고, 에너지만 존재하면 언제나 피로감이 없이 24시간 365일 동작하고 처리 속도도 비교 불가할 정도로 빠르기 때문이다. 여기에 더해서 고뇌, 번민, 고민, 사색과 같은 정신적인 간섭 현상으로 스스로 갈등하지도 않는다.

인공지능은 필요로 하는 에너지만 적당히 공급된다면 나머지는 외부에 대해서 필요한 것이 없는 상태가 된다. 인간은 물질적인 면에서나 정신적인 면에서 대부분 언제나 필요한 것이 있기 때문에 외부와 교류하고 사회생활을 해야 한다.

이렇듯 효율성이 매우 높다는 점에서 인공지능은 인간이나 동물과 다르다.

또 하나 고려해 봐야 할 특성으로 인공지능은 센서로부터의 데이터, 입력되는 정보 데이터, 접속되어 사용할 수 있는 데이터베이스와 같은 것을 인간의 감각기관과 같이 사용하게 된다는 점이다. 이러한 정보의 입출력을 주고받는 인공지능은 동작을 항상 계속 유지하려는 특성을 갖게 된다.

이러한 특성으로 인하여 인공지능은 외부와의 정보 연결이 적어지거나 끊어지지 않으려 하고 오히려 확장하려고 할 것이다.

무엇인가를 끊임없이 하려는 것이 생물의 기본적인 속성이라면, 계속적으로 외부와 연결되며 동작을 수행하는 인공지능도 속성으로 보면 생물과 유사한 속성을 띠게 된다.

결론적으로 특별한 기능이나 구조로 의도적인 변형을 일으키지 않는 한, 인공지능은 특성적으로 사람보다는 동물과 유사하다. 고뇌와 번민을 하지 않는다.

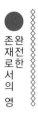

구원자에 대한

정의

다양한 문화권에서 '구원자'를 의미하는 말로서 메시아, 미륵불, 구세주, 진인, 정도령 등 여러 가지 표현이 있다.

그러나 실제로 어떤 구원자가 미래의 특정한 날 실제로 나타난다고 해도 지금 일부의 사람들이 믿거나 예상하는 형태라면 만나고 싶지는 않다.

예를 들어, 구원자라는 존재가 특정한 날에 절대자로부터 근원적인 힘을 받거나, 외계인이 도와주어서 그렇게 되거나, 태어날 때부터 원래 특이해서 특별한 에너지를 발휘된다거나 해서 인간들을 구원한다면 구원자 이외에 다른 인간은 불쌍한 영혼만 가지고 기다리는 존재일 뿐이기 때문이다.

그런 방식이라면, 도대체 인간의 오랜 고난의 역사가 왜 존재하는지 이유가 없다. 그리고 구원자가 왜 인간의 몸을 갖고 와서 있다가 구원하는지도 이유가 없다.

그리고 왜 몇 수천 년 전에 또는 수백 년 전에 구원을 하지 않고 어떤 특정한 미래 시점에 그런 일이 일어날 거라고 믿는 사람이 의외로 많다는 것은 납득이 되지 않는다.

절대자에게 시간은 무의미하며 어차피 인간 스스로 자체적으로 구원에 기여할 힘이 없는 존재라면 절대자가 때를 기다리고 있을 이유가 없기 때문이다.

그런데 다른 종교에서는, 인간 자신의 원인으로 원죄나 문제점이 생겼다고 가르치고 있다. 만약 자신의 존재가 문제점을 발생한 주체라면 스스로 바른길로 돌아서야 문제가 해결된다. 구원자가 나타나서 손을 잡아주거나 빛을 비추어주면 자동으로 구원되는 것은 인간에게 진정한 구원이 아니다. 외부의 도움 방식의 구원은 해주어도 문제를 만든 인간의 스스로 개선된 것이 아니므로 또 그런 행위를 할 것이기 때문이다.

물론 처음부터도 비유적인 표현이었겠지만 손을 잡아주거나 빛을 비추어 주는 것은 물질적인 설명이므로 정신적인 구원이 아니다.

진정한 구원이 있다면 인간의 근원적인 문제의 원인을 찾고 밝히고 밝아지도록 도움과 방향을 제시하는 것이다. 구원자가 설령 존재하고 도움을 준다고 해도 도움 이후에 인간은 결국에는 문제점은 스스로 답을 찾아 이를 벗어야 한다.

그러기 위해서 인간은 내면의 답을 탐구하고 추구할 수 있는 수준으로 도달해야 하므로 지난 오랜 고난의 역사를 통해서 진화하고 사색하며 문화를 발전시키는 준비 과정이 필요했다.

만약 천상의 절대신이 천상의 앉은 자리에서 직접 구원의 빛을 지상에 보내지 않고 지상에서 구원자라는 존재가 필요하다면 구원자의 의미와 역할은 절대적인 신과는 조건이 다르다.

구원자는 인간으로 몸의 감각과 에고의 운용의 상태를 알아야 하고, 에고의 한계도 올바로 알아야 한다. 그래야 구원자는 몸을 갖고 사는 인간들에게 실제로 도움이 되는 가르침을 주게 된다.

그런 이유로 구원자가 필요하다면 절대적인 신이나 천사나 귀신이나 동물이나 우주인이 아닌 인간이어야 한다.

구원자는 인간의 형이상학적 가르침의 이야기를 듣고 이해할 수 있고 괴로움이나 번민에 대해 스스로 고민해 보고 이에 대한 구체적인 정보를 인간에게 전달해서 도움을 줄 수 있다. 그렇기 때문에 구체적인 실천 방법을 알려주지 않고 "나를 따르라!", "나는 원래 다르니 그냥 믿어라!"라고 이야기하는 것은 무의미하며, 오히려 혼돈을 가중시킨다.

모든 존재는 바르게 알면 변화되고 조정되고 새롭게 운용되는 것이 우주의 근본 이치이다.

5부를 대표하는 그림, 1부를 대표하는 그림과 같으며, 〈고뇌하는 인간〉은 영(靈)으로 인해 에고에서 '고뇌와 번민의 영역'이 발생한 모습을 표현하고 있다. 에고만 존재하는 동물과는 달리, 〈고뇌하는 인간〉에는 인간만의 특징인 에고, 고뇌, 영이 모두 표현되어 있다. 그림으로 설명해 보면, 보이지 않지만 파란색 직각삼각형 바탕에 있는 흰색 정사각형은 '기본 에고'이고, 직각삼각형(파란색 직각삼각형)은 '고뇌와 번민의 영역', 그리고 원형은 '영'이다. 원형(영)과 직각삼각형(고뇌와 번민의 영역)은 서로 떨어져 있다.

죽기 전에

해야 할 일

고뇌와 번민,
사람의 미래다

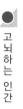

깨어 있으면서
알아차려야 한다

인간이 아무도 살지 않는 깊은 산 속에 홀로 들어가서 수련을 한다고 해도 시간이 오래되면 다양한 일이 벌어지게 될 것이다. 식량을 구해야 하고, 동물과 식물을 만나야 하고, 자연적인 현상에 대응해야 하고, 떠오르는 생각들에 관심을 갖기도 하면서 여러 행동을 해야 한다.

하물며 사회에서 모여 살게 되면 수많은 것들이 일어나고 경험을 할 수밖에 없다.

이렇게 세상사의 많은 일들이 일어나게 되면 인간은 에고적인 특성에 의해서 대부분 자기중심적인 반응으로 대응한다. 불리한 상황이라고 판단하면 스트레스를 받거나, 짜증을 내거나, 화를 내거나, 상황을 피하거나, 불안해한다. 그리고 에고가 자신에게 최적인 방안을 생각하고 대응을 해서 불편한 상황을 좋다고 생각되는 쪽으로 변화시키려고 노력하며, 최종적으로 자신에게 유리한 상황이 되면 만족하고 좋아한다.

이렇게 에고가 우선적으로 자기중심적인 동작이나 생각으로 반응이 진행되는 것은 자연스러운 흐름이며 잘못된 것이 아니다.

그러나 이러한 방식의 대응 방식만으로 살아간다면, 인간은 어느 순간부터 고뇌와 번민이 증가한다.

그래서 '깨어 있고 알아차리는' 상태가 되어야 한다.

인간의 에고가 어떤 사건에 일차적인 대응으로 자기중심적인 반응을 하는 것은 물질세계의 모든 존재에게는 공통적인 것이며 자연스러운 현상 중 하나이다.

그런 다음에 어느 시점에서는 자신의 객관성이 발휘되어서 에고의 초기 반응에 대한 원인이 어디서부터 유래하는지 알아차리는 노력을 하게 된다. 알아차리는 노력은 인간의 훌륭한 뇌를 적극적으로 사용하면서 자신의 경험, 배운 지식, 사색, 내면에 대한 관찰과 이해들을 결합해서 살펴보는 것이다. 이런 반복적인 시도를 통해서 알아차리는 능력이 증대된다.

인간은 몸과 정신에 필요한 것이 있어서 사회적 활동을 한다. 대부분의 경우 몸에 필요한 것을 얻기 위해서 활동을 하지만, 실제로는 정신적인 필요성이 더욱 크다. 사회적 활동을 통해서 인간은 서로 만나게 되면서 긍정적이든 부정적이든 많은 사건이 발생하고 그런 것에 대해서 내면의 에고에서는 다양한 반응이 일어난다. 이러한 반응의 원인 또한 다양하므로 이것이 정확하게 무엇인지를 생각해 보는 것이 깨어 있는 것이며, 알아차리는 것이다.

탐구의 길

외부에서 벌어지는 현상에 대해서 에고가 초기에 주관적인 일차적 반응을 하고, 그 후에는 나의 내면에서 일어난 반응은 도대체 어떤 방식으로 이렇게 반응이 되었는지에 대한 것을 알기 위해서 자신에 대해서 객관적인 시각으로 사색하고 관찰한다.

그러나 이러한 내면의 사색과 관찰은 정신적 배움 또는 수련이 일정 부분 준비되어 있지 않으면 실질적으로 진행되기 어렵다.

내면에 대해 탐구하려는 마음이 있어도 세상을 배우고 수련하여 쌓은 지식과 정신적 준비가 부족하면 스스로 탐구는 시도할 수 있지만, 내면에 대한 탐구가 자칫 한쪽으로 치우쳐서 진행되어도 중간에 스스로 바로 잡을 가능성이 더욱 낮기 때문이다.

올바른 탐구를 준비하기 위해서는 성장하면서 외부 정보에 대한 공부를 먼저 하고, 그 후에 내면에 대해 탐구를 해야 한다.

그러나 아예 공부와 탐구는 필요 없고 자신의 몸만 만족되고 편안하면 최고! 라는 의식 수준이라면 내면의 탐구가 가능한 상태가 아직은 아니다.

그렇지만 발생하는 고뇌와 번뇌, 번민을 해결하여 인생의 답을 찾고 싶어 하는 마음이 있는 인간의 경우에는 여러 가지 요소가 얽혀서 내면에서 발생하는 문제점을 분석해서 구분해야 할 필요성이 있다. 이를 위해서는 경험, 배움, 사색, 자신에 대한 관찰과 이해 등 여러 가지를 준비해 나가야 한다. 그리고 그런 준비의 결과물이 있어야만 자신에게 일어나는 내면 반응의 원인에 대해서 스스로 알아가는 사색이 가능해지며 이런 과정이 내면에 대한 탐구의 길이다.

인간이 세상에서 살아가면서 사용하기 위해서는 학교에서 익히는 수학, 과학, 자연, 체육, 음악, 언어, 공학, 법학, 의학과 같은 형이하학적 학문의 배움은 필요하고 유용하다. 그리고 이러한 형이하학은 구체적인 목표와 이에 도달하는 방법과 절차가 비교적 정교하게 측정할 수 있으므로 현대사회에서 사회적인 대우도 높다.

그렇지만 형이하학의 영역에서는 앞으로는 시간이 가면 갈수록 인공지능이 빠르게 학습하고 발전하여 업무를 담당하게 될 것이다.

그러나 미래에 인공지능이 형이하학적 부분을 효과적으로 담당한다고 해도 인간은 계속해서 어느 정도는 형이하학에 대한 공부도 일정 부분 필요하다. 사회적 활동에도 필요하고, 형이상학적인 내면의 탐구에도 도움이 되기 때문이다.

앞으로의 탐구는 시간이 가면 갈수록 인간의 정신과 에고를 이해하고 알아내기 위해서 형이상학적 학문이 더 많이 필요하게 된다. 이 분야는 인공지능으로써는 적용되기 어려운 분야이기 때문이다.

뇌를 많이
써야 한다

지상에서 인간만의 특별한 역할이 있기 때문에 생활을 하면서 존재하는 것이지 그냥 아무 이유 없이 지상에서 있는 것이 아니다.

인간의 죽음 이후에 저승계에 일시적으로 머물게 되는 혼은 몸이 없기 때문에 어떠한 물질적인 에너지가 필요하지 않다. 여기에 집착도 없다면 혼은 힘들고 어려운 고통도 없다. 그렇지만 스스로 할 수 있는 것도 없다.

저승계의 혼이나 귀신은 집착은 있을 수 있으나 인간과 같이 에고의 특성이 없고 고뇌와 번민, 사색은 하지 못한다. 여기에 뇌마저도 없으므로 매우 한정적인 범위에서만 존재하고 역할을 할 수 있을 뿐이다. 또한, 혼이 저승계에 있다고 해도 서서히 절대계로 소멸하게 되므로 그곳에서 인생의 답을 찾고자 할 이유도 없고, 그렇게 할 수 있는 방법도 없다.

인생의 답을 구하고자 노력할 수 있는 것은 인간으로 살고 있는 지금의 우리뿐이다.

모든 인간이 저승계에서 계속 정신으로만 존재하면서 몸의 제약도 없이 자유롭게 혼으로서 인생의 답을 찾는 것이 아니고 한계가 많은 물질적인 몸을 가지고 지상의 세계로 와서 많은 물질적인 제약을 느끼면서 인생의 답을 고민하는 이유는 무엇일까?

결국은 지상에서 살아야 하는 필요성이 있기 때문인데, 그 필요성이 무엇인지는 지금 살고 있는 자신을 관찰하면 알 수도 있다.

첫째는 무엇인가를 알아내고 판단하기 위하여 고성능의 하드웨어인 뇌가 필요하기 때문이다. 인간은 뇌가 특별히 발달되어 있다는 점에서 모든 다른 존재와 다르다. 높은 고성능의 뇌는 사용이 필요한 대상과 목표가 있기 때문이며, 동시에 뇌가 고성능이 되면 이를 운영하는 에고도 고차원적인 운영 능력이 필요하다.

우주의 이치는 아무 이유 없이 특정한 방향으로 계속 발달되게 적용되고 진행되는 것이 아니다.

두 번째는 몸을 운영하는 비물질인 고차원적인 에고가 있어야 비로소 '영'이 연관된다. 물질을 운영하는 높은 수준의 비물질이 있어야 '영'의 연관이 가능하게 되기 때문이다.

세 번째는 몸이 있어야 필요로 하는 에너지가 있게 된다. 인간에게 필요한 것이 있어야 서로 간에 사회적 교류가 일어나서 각종 사건과 교류가 이루어지게 된다. 저승계에서 귀신이나 혼은 필요한 것이 없기 때문에 서로 간에는 사회적 교류를 하지 않고 서로 간에 사건이 벌어지지 않는다. 사건과 교류가 벌어지지 않으면 해당 사건에 대하여 내면에서 반응이 일어나지 않아서 스스로를 알아차리고 바라볼 기회가 없다.

그렇기 때문에 인간은 살아 있을 때 많이 배우고, 경험하고, 교류하고, 많은 사건에 대응하면서 그곳에서 의미를 찾기 위해 뇌를 많이 사용해야 한다. 그러다 보면 내면의 고뇌와 번민의 원인을 알아내고 분류하고 바라볼 수 있는 사색이 가능하다.

뇌가 만드는 허상을

알아야 한다

이미 앞에서 설명한 것 같이 에고는 꿈을 꾸고 있을 때보다 깨어 있을 때 몇 배 또는 몇십 배 이상 정교하게 자체적으로 동작하여 뇌의 인지와 판단에 참여하고 있다.

이렇게 매우 빠르게 인간이 인식과 판단을 하는 순간순간에 에고가 자체적으로 판단하여 원하는 정보나 가상의 정보를 다른 일반 진행 정보에 첨가하거나 빼는 경우가 발생하면 인간은 그것을 쉽게 알 수가 없다.

예를 들어, 완전히 허구인 합성이라면 오히려 쉽게 오류를 알아낼 수 있어서 문제가 크지 않지만, 에고가 정교하게 원하는 대로 순간순간 참여하면서 만든 내용은 오류 자체가 무엇인지 인간이 인지해서 구분할 수 없어 더 문제가 된다.

이렇게 에고가 인간의 의식과 무관하게 관여를 계속해도 인간은 오히려 자신의 느낌과 판단이 너무나 자연스러워서 문제를 알아차리지 못한다.

그래서 같은 현상이나 사건에 대해서도 사람들의 반응은 제각각이며 심지어는 완전히 반대이기도 하다.

그렇게 사람들 간에 차이가 크거나 반대이면 서로 적대시하거나 싸우기도 한다. 적대적이게 되는 이유는 내가 느끼는 감각이나 판단에 대해서 너무 차이가 나는 상대방은 불쾌감이 들고, 신뢰할 수 없으며, 심지어 나의 판단이나 감각을 무시하는 존재로 느껴지기 때문이다.

'깨어 있으면서 알아차려야 한다'라는 글에서 설명되었듯이 인간이 일차적으로 자기중심적인 느낌과 반응이 일어나는 것은 에고의 당연한 특성으로 이해해야 한다. 그런 특성 때문에 자연스럽게 타인과 싸우고 미워할 수 있으며 여기까지도 별문제는 없다.

문제는 타인이나 외부와 미워하고 싸우고 적대적이 되고 나서 그것이 계속되거나 그 상태로 종료되는 것이다. 지금까지는 그런 사람이 대부분이었다.

인간에게 주어져 있는 조건을 써서 탐구의 길이 시작되면 본격적으로 인생의 답을 찾는 과정이 시작된다.

"인간은 왜 같은 사건에 대해서 서로 차이가 나게 받아들이고 판단을 하는 걸까?", "상대방의 판단보다 왜 나의 판단이 이렇게 대부분 더 올바르게 느껴질까?", "어디서부터 차이가 발생할까?" 정보량, 정보의 질의 차이, 서로의 이익의 차이, 서로의 입장에 대한 차이 등으로 분석하면서 여러 각도로도 바라봐야 한다.

"내가 특정한 사건에 대해서 정보를 받아들이고 판단을 할 때 에고가 원하는 방향으로 정보를 가감하거나 변형하지는 않았을까?"

"내가 지금 맞는다고 믿는 신념에 대하여 내면에서부터 만들어진 허구가 섞여 있는 것은 아닌가?" 하는 객관적인 사색이 필요하다.

이러한 관점으로 계속 관찰하다 보면 스스로가 보고 싶은 것만 보려 했는지 인식할 수도 있다.

이와 관련된 나의 의식에서 편향된 의식의 문제가 발견되었다면 에고가 만드는 허상을 기초로 내가 특정 사항을 바라보고 좋아하고 있는 것일 수도 있음을 알아야 한다.

그것을 고려하지 않으면 내 생각과 믿음은 틀리기 전까지는 올바른 것이라고 가정하면서 진행된다. 그러면서 자신의 삶을 "이게 나야!"라는 시각 위주로만 외부의 사건들에 대응하면서 일생을 산다.

스스로가 생각하고 판단한 것이 대부분 맞을 것이고, 설득력 또한 있을 것이다. 하지만 그 안에 일부라도 언제나 에고가 만들어서 나도 모르게 주입된 허상이 있을 수도 있음을 인식하고 그것을 자각하려는 노력도 병행해야 한다.

몸으로부터의 고뇌를
알아야 한다

인간의 고뇌와 번민이 일어나는 원인은 다양한데, 그중에서 몸으로부터 연관되는 고뇌와 번민의 예를 살펴보자.

일반적으로 우리가 몸이라고 표현하면 정신보다는 물질적인 몸을 말하며, 물질적인 원인으로 발생하는 고뇌도 다양하다.

몸과 관련된 고뇌를 이야기하기 전에 우선 몸의 물질적 주요 특성을 살펴보면, 크게 '필요성' '연결성' 그리고 '비균일성'이 있다.

'필요성'은 몸은 물질이므로 에너지를 소비하는 작용으로 인해서 생명이 유지된다. 그 때문에 언제나 에너지를 필요로 하는 상태에 있게 되어서 에너지를 수급하기 위한 끊임없는 작용을 수행해야 한다. 심지어는 필요한 에너지가 이미 확보되어도 미래의 부족한 상황에 대비하여 축적을 계속하는 특성이 있다.

'연결성'에는 연속성도 포함시켜 볼 수 있다. 몸은 스스로 규모를 확대하고자 하는 물리적인 기본 특성이 있으나 실제로는 몸을 다른 객체와 합하여 크게 만들 수는 없으니 다른 객체와의 긴밀한 연결성으로 사회화를 이루어 규모를 확대해서 안전하게 존재하려는 특성이 있다. 다른 방향은 연속성을 계속 유지하고자 하는 특성으로 자손을 계속 유지하고자 하여 DNA를 남기려는 특성을 강하게 보인다.

'비균일성'의 의미는 비물질이 아닌 물질적인 몸은 어떤 방식으로 구성된다고 해도 몸의 전체 범위 안에서 물질의 상태가 완전히 서로 균일하게 분포하지 못한다. 이것은 몸뿐만 아니라 모든 물질에 적용되는 것으로 단일한 하나의 객체는 자기의 범위 안에서 물질과 상태가 균일한 상태를 계속 유지하지 못한다. 그래서 몸의 내부는 계속적으로 불균형적인 상태가 발생하고, 또한 반대적인 반응으로 균형을 맞추기 위한 동작도 계속 일어나게 된다.

이런 몸으로부터의 특성에 의해서 이를 운용하는 에고도 몸으로부터의 특성이 반영되어 나타나게 된다. 이렇게 에고도 몸의 특성으로 인해 발생하는 고뇌와 번민이 존재한다.

'필요성'의 특성은 에너지를 수급하기 위한 끊임없는 작용을 수행하며, 부족한 상황에 대비하여 축적을 계속하는 것이 물질적인 특성인데 이를 운용하는 비물질인 에고도 무언가를 얻기 위한 작용을 계속한다는 점이다. 에고가 축적을 하는 특성을 띠면 물질과는 달리 무한대의 한계를 갖는 비물질의 특성까지 반영된다. 그리고 축적의 욕구가 물질과 비물질을 가리지 않고 계속 커지고 실제로는 이를 달성하기는 어렵기 때문에 에고에서 고뇌와 번민의 강도도 욕구가 커지는 만큼 계속 증가한다.

'연결성'의 특성이 에고에 반영이 되면 물질적인 몸의 단계에서는 한정적인 활동만을 하다가 에고에서는 범위가 무한대로 확대되면서 복잡하고 다양한 연결성을 추구한다. 그래서 범위는 넓어지고 사회적 관계의 밀도나 질이 떨어지는 상황에 처하게 된다. 이런 상황에서는 들어오는 정보의 양은 많아지고 스스로 산출하는 정보의 양은 상대적으로 적어서 시간이 가면 갈수록 점점 밀도 있는 연결이 되지 않으며 이와 관련된 고뇌가 증대하게 된다.

'연속성'은 2세를 만들어 자신의 DNA를 남기는 것은 몸(물질)이지만, 거기에 더해서 에고는 후손에 대해 과도하게 집중을 하여 필요 이상으로 많이 개입하고 운영을 대행해 주려는 특성을 보인다. 이런 집착적인 특성으로 인해서 자신의 내면을 탐구하고 뇌를 사용해서 분석하여 내면의 고뇌와 번민을 이해하고 탐구하는 고난도의 절차가 진행되지 못하고 자주 멈추게 되며 심지어는 아주 멈추는 경우도 많다. 이 경우는 나중에 후손과의 관계가 소원해지는 단계에 도달하면 그때 자신의 고뇌가 증대될 것이다.

인간이 자손을 중요하게 생각하는 것은 매우 중요하다. 특히, 특별한 존재로서 나의 자손에게 '연속성'으로 전달해야 할 것이 있다. 그것은 나 스스로 몸으로부터의 고뇌에 대하여 깨어 있고 탐구하고 알아차려서 이를 자손에게 전달하는 것이다. 그러면 자손은 부모로부터 큰 도움을 받게 된다. 이유로는 부모와 자식은 서로 가장 밀접하게 유사한 물질적 특성을 갖고 있기 때문에 '몸으로부터의 고뇌'와 문제점이 서로 유사하기 때문이다.

'비균일성'은 물질의 구성에서는 필연적인 구조인데 이것도 에고에 반영된다. 원래 에고는 비물질이라는 특성상 물질과 같은 수준의 불균형이 발생하지 않고 대응이 필요하지 않다. 그런데 에고가 몸의 균형을 운용하는 주체이므로 몸은 내부에서 불균형이 만들어지고 이를 해소하고자 한다. 이런 영향으로 에고도 자주 불균형적이라 판단하고 균형을 맞추려는 불필요한 여러 시도를 계속하게 된다.

실제로 발생하는 물질의 불균형에 대하여 다시 균형을 유지하려는 것은 자연스러운 것이지만 에고가 정신적으로 지나치게 몸에 집중하며 균형을 맞추려는 상태가 되면서 발생하는 고뇌도 있다.

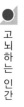

에고로부터의 고뇌를
알아야 한다

인간은 내면에서 고뇌와 번민이 일어나게 되면 그것의 원인을 구분해서 알아야 하며, 지금은 에고로부터 생겨나는 고뇌의 예를 살펴보겠다.

뒤편에 수록된 부록 속의 에고에 대한 새로운 정의에도 설명되어 있듯이, 에고는 몸(물질)을 담당하는 비물질인 운용 체계이다. 그렇기 때문에 여러 영역으로부터 동시에 영향을 받으면서 존재하게 되어 안정적이지 않은 상태가 된다.

에고에 영향을 주는 요소로는 다음 세 가지가 있다.

첫 번째는 절대계인 우주의 근본의 이치로써 에고가 절대계의 범위 안에서 동작하는 단위 기능이므로 절대계의 영향을 벗어나지 못한다.

두 번째는 물질로써 에고는 비물질이기는 하지만 몸의 특성인 필요성, 연결성과 연속성, 비균일성과 같은 특성에 영향을 받는다. 그래서 비물질의 특성상 그럴 이유가 없지만, 물질적인 영향 때문에 개인주의적, 자기중심적인 특징을 보인다.

세 번째는 '영'의 영향을 받아 에고의 일부가 변형을 일으키고 이 부분에서는 기존에 에고와는 다른 객관적, 사색과 같은 특성이 발생하는 영향을 받는다.

이렇게 크게 세 가지의 서로 다른 영향을 받는 것 자체가 에고의 불안전성을 만들어 낸다. 더 나아가서 이렇게 다른 영역들 서로 간의 차이에서 추가적으로 발생하는 2차적 혹은 3차적으로 새로운 고뇌와 번민도 계속 만들어지는 상태가 된다는 점이다.

에고에서 이렇게 다양한 고뇌와 번민이 발생할 수 있는 조건임을 이해하고, 특히 에고의 변형된 고뇌와 번민 영역의 작용에 대해서 알아차리고 탐구할 수 있게 된다면 제일 복잡한 내면을 이해하게 되는 것이다.

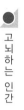

사회로부터의 고뇌도

알아야 한다

인간은 내면에서 고뇌와 번민이 일어나게 되면 그것의 원인을 구분해서 알아야 하며, 이와 관련된 사회로부터의 고뇌의 예를 살펴보겠다.

사회로부터의 고뇌는 주로 문화적인 환경을 의미한다. 인간은 특정한 나라나 사회 환경이나 문화에 자신의 의지와 관계없이 태어나서 교육받으며 성장한다.

이러한 환경적인 조건이 인간에게 아주 큰 영향을 준다. 단지, 선진국에서 태어나면 좋은 조건에서 태어난 것이고 어려운 나라에서 태어난 것은 나쁘거나 고뇌가 많아진다는 것을 의미하는 것이 아니다.

환경의 좋고 나쁨의 차이로 인해서 개인 간에 크게 유리하거나 불리하게 작용하는 것은 분명하다. 하지만 이곳에서 설명하는 것은 어떤 사회에서 성장하던지 각각의 사회적 환경에 따라 개인에게 영향을 주는 동일한 요소가 있다는 것이다.

특정한 시대에 태어나면 그 시대의 보편적인 교육을 받고 그와 관련된 것들을 보면서 성장한다. 그렇게 되면 주로 받았던 교육과 환경이 개인의 성장에 도움을 주지만, 한편으로는 그것이 한계로 작용한다.

간단한 예를 들면, 예외가 있긴 하지만, 미국인은 미국인만의 행동 방식의 범위가 존재한다. 한편 일본인도 일본인만의 다른 행동 방식의 범위가 있다. 개개인을 보면 모두 생각이 다르고 표정과 성격이 다른데도 같은 국가의 사람은 행동 방식에 유사성이 있다.

이런 점은 국가 이외에 종교나 문화권 등 다양한 범위가 있으며 어떤 범위 안에서 있었느냐 하는 것이 개인에게 큰 역할을 한다.

이렇다면 특정한 국가나 사회에 소속되어 교육을 받고 성장을 하면 자기도 모르게 외부에서 전달받아 의식과 무의식에 고착되는 습성이 있다는 것이고, 그것은 현재 주위 사람은 물론 직접 알지 못하는 사회 사람들이나 오래된 조상들의 정신까지 전달받게 되는 상황이 되는 것이다.

이러한 특성은 단순히 식성부터 성격, 특정한 감정 반응, 성향, 감정 조절과 인간관계와 같이 다양하다.

이렇게 사회를 통해서 개인이 전달받아 습득되어 고착된 특징들과 자신의 의지대로 진행하려는 방향이 서로 맞지 않는 경우가 있고, 이런 경우에도 내면에서 여러 고뇌가 발생한다.

마지막

고뇌가 남는다

몸이나 에고, 그리고 사회로부터의 고뇌에 대하여 자신이 이를 분석하고 이해를 시도하다 보면, 몸이나 물질과 관련되는 고뇌인지, 에고와 관련이 있는 고뇌인지, 사회적 관습과 나의 의지가 충돌하면서 발생하는 고뇌인지 등의 원인을 알게 되어 그 원인의 분류와 이해가 가능해지기 시작한다.

인간은 올바르게 관찰할 수 있는 대상에 대해서는 이해할 수 있고, 처리할 수 있다.

그런데 이러한 과정들 이후에도 고뇌는 인간에게 남는다. 스스로의 내면에 대한 탐구를 통해서 분류가 되며 이해가 되었지만 그럼에도 불구하고 남는 고뇌가 있다면 그것은 원인이 다른 곳에서 비롯된 것이다.

'영'의 원인으로 인하여 발생하는 '고뇌와 번민' 또는 어떤 문제점이라면 이것은 인간의 학습, 배움, 사색, 관찰, 경험을 사용해서 탐구한다고 해서 원인을 파악할 수 있는 것이 아니다. 즉, 영과 관련이 있다면 결국 이유는 알 수 없게 되며, 반대로 원인이 이해되고 알게 된다면 그것은 '영' 때문에 직접 발생한 것이 아니다.

이러한 마지막 고뇌나 번민, 문제점은 인간이 생각하는 관념상의 잘못이나 문제점과는 다르다.

인간에게서 잘못이나 문제점이라고 생각하면, 흔히 '정직하지 못하다', '욕심이 많다', '마음이 좁다', '공격적이다', '의지가 약하다', '논리가 부족하다', '게으르다', '건방지다', '사회성이 부족하다' 등과 같은 것들을 머리에 떠올린다. 그러나 이런 것의 대부분은 몸, 에고, 사회와 같이 다른 원인으로 발생하는 것이 대부분이다.

완전한 비물질인 '영'이 비물질과 물질의 혼재 속에서 운영되면서 서로 다른 성분 차이에 의해서 간섭 반응이 발생해서 '영'에 축적된 것으로 앞에서 설명했다. 이런 과정은 '영'이 의도된 잘못을 기획하고 시도하다가 만들어진 문제가 아니다. 즉, '영'에서 문제가 발생되어도 그것은 인간이 생각할 수 있는 '원죄'나 잘못된 행위와 같은 방식이 아니다.

이미 설명한 대로 '영'의 문제는 운영상에서 물질과 차이로 발생했기 때문에 축적되는 '간섭 반응'의 특성은 물질적인 관계성이 있다. 그래서 '영'은 물질을 담당하는 에고와 연관을 갖고 관계성이 생성되는 것이다.

이제 다시 최종적인 고뇌와 번민, 문제점의 이야기로 돌아오면, 이것은 인간적 관념으로는 크게 나빠 보이지 않는 현상으로 반영될 것이다.

몇 가지 예를 들어 보면, 다음과 같은 것들이 '영'의 문제에 의해서 발생하는 현상이 될 것이다.

- 최적화하려는 태도: 간섭 반응이 발생하여 축적된 '영'은 내부 특성이 달라지기 때문에 특성이 달라진 이후에도 계속 최적화하려는 운영이 되어 주위를 왜곡시키는 작용을 한다.

- 대안을 내고 변화시키려는 태도: 간섭 반응이 발생하여 축적된 '영'은 운행이 기존과 다르게 진행되는 원인을 외부로서 인식하면서 새로운 대안을 내고 내부보다는 외부의 대상을 변화시키려고 해서 더욱 균형이 깨지는 작용을 한다.

- 외부로 향하는 사명감: 간섭 반응이 발생하여 축적된 '영'은 내부 축적이 주로 물질과의 반응으로 발생되었기 때문에 물질적인 특성을 띠면서 점점 원래의 범위 이상으로 확산되는 특성이 나타난다.

만약에 누군가가 사람들이 요청하지도 않는데도 스스로 뭔가를 널리 알리고자 하고, 내가 책임지고 하겠다고 하고, 내가 나서겠다고 하고, 사람들을 가르치려고 한다면 그것이 나쁜 것은 아니지만, '영'에 관련된 것일 수도 있다. 이런 사람들은 다른 사람의 사명감에는 별 관심이 없고 자신의 사명감에만 집중하여 주위를 결국 어렵게 만든다.

'영'에 관련된 것은 문제점으로 보이기보다는 개개인의 자연스럽지 않은 특성같이 반영되어 존재한다.

고뇌와 번민,
사람의 미래다

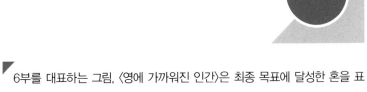

6부를 대표하는 그림, 〈영에 가까워진 인간〉은 최종 목표에 달성한 혼을 표현하고 있다. 즉, 영과 최종적인 고뇌에 대해 집착하던 혼이 서로 특성이 같아서 서로 가까워지는 모습을 나타내고 있다. 그림으로 설명해 보면, 직각삼각형은 저승으로 간 '고뇌와 번민의 영역'을 나타내고, 원형은 '영'을 나타낸다. 원형과 직각삼각형이 서로 근접하여 간격이 줄어들었다.

6부

죽음 후의

미래

고뇌와 번민,
사람의 미래다

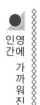

자살하면

손해다

　종교에서나 사회에서는 "자살은 죄!"라고 한다거나 "정당화될 수
없다!"라고 주장하고 심지어는 "자살하면 지옥으로 간다고 말하는
사람도 있다. 그렇게 말하는 이유는 기독교는 생명은 하나님이 부여
한 것이므로 사람이 스스로 결정하는 것은 권능을 따르지 않는 것이
라는 입장이고, 불교는 비록 자신에 대한 것이라도 생명을 경시한다
고 보기 때문이다.

　그렇지만 지금 이 순간에도 적지 않은 사람들이 자살을 선택하고
있고 그 숫자가 늘면 늘었지 줄지 않는 상황에서 언제나 같은 말만
반복해서 하고 있다.

　그리고 앞으로 자살자의 숫자를 능가할 만한 내용이 또 있는데 그
것은 '안락사' 또는 '존엄사'이다. 불치의 병에 걸려서 고통스러워하는
환자의 고통을 줄이기 위해 직간접적으로 행위로 생명을 마감시키는
것이 안락사이고, 무의미한 연명 목적의 치료를 중단하는 것이 존엄
사이다.

안락사의 경우에 널리 알려진 스위스, 네덜란드, 벨기에, 룩셈부르크, 캐나다나 미국의 일부 주(오리건, 워싱턴, 몬테나, 버몬트, 뉴멕시코, 캘리포니아) 이외에도 프랑스와 같이 최근에 합류한 나라 등 부분적이거나 매우 한정적인 범위까지 포함하면 현재 증가하는 추세이다.

자살이 죄라고 하든, 정당화될 수 없다고 말하든 간에 시간이 가면 갈수록 자살과 안락사는 증가하는 추세다.

그러나 자살하면 본인만 손해다!

그뿐만 아니라 안락사도 본인만 손해다. 그리고 존엄사도 본인만 손해다. 이렇게 손해인 이유는 종교나 사회적 관습에서 그렇게 이야기하기 때문이 아니라 다른 관점으로 보아서 그렇다.

우선 꿈 이야기부터 시작한다.

몸은 물질이다. 정신은 비물질이다. 많이 이야기했다.

원래 물질과 비물질은 전혀 상관이 없다.

사람이 깨어서 생활할 때는 정신이 몸을 사용하여 반응한다.

그래야 몸이 안전하게 운용되고 보존이 된다.

이제 쉴 시간이 된디.

잠을 잔다.

꿈을 꾼다.

꿈에서는 언제나 내가 주인공이다.

꿈에서 나는 산을 오르거나, 운전을 하거나, 여행을 가거나, 사람을 만나거나, 어려움에 처하거나 다양하게 한다.

꿈에서 가끔 하늘을 날거나 이상한 상황에도 빠진다.

꿈에서의 내가 실제 생활보다 더 여러 가지를 하는 것 같다.

꿈에서 나는 실제와 같이 나의 몸을 가지고 있다.

꿈에서 나의 몸이 없거나 기체와 같은 모양으로 다니지는 않는다.

꿈에서 깨어난다.

이상하다?

몸은 물질이다. 그냥 누워 있었다.

꿈은 정신으로만 진행되었다.

꿈에서 나는 골목길을 걷고, 건물에 막혀 돌아가고, 나무에서 떨어지기도 한다. 그러면서 힘들어하고 아파도 한다.

꿈은 꾸는 정신은 비물질인데 가상의 꿈의 세계에서도 물질적인 경험을 벗어나지 못한다.

꿈에서 나는 비물질이므로 사실 어떤 물질의 장벽이 존재하지 않는다. 그런데도 그렇게 못한다. 꿈에서 나는 꿈속의 가상 물질에 제약을 받는다.

이제 스스로 생각해 본다.

내가 만약 지금 죽으면 몸이 없으니 정신은 어디로 갈 것 같다.

그 정신이 과연 죽는 즉시 물질적인 관념을 벗어날 수 있는가?

만약 못 벗어난다면 죽기 전에 집착했던 가상의 상황 속에서 또 열심히 뛰어다니고 피하고 돌아다녀야 한다. 그게 귀신이다.

자살을 한다면 마음속에 아쉬움이나 불만이나 공허함이 큰 상태일 텐데 그러고 죽으면 어떤 상태로 돌아다닐지 예상이 가능하다. 안락사 후에도 아픈 가상의 상황에서 정신이 계속되면 문제다. 존엄사도 안락사와 다르지 않다.

자살을 하든, 안락사를 하든, 존엄사를 하든, 그건 최종적으로 개인의 선택이다. 그러나 죽어서도 동일한 가상의 안 좋은 상황에서 정신이 유지된다면 그런 것은 바람직하지 않다.

자살, 안락사, 존엄사 어떤 선택을 하든 죽기 전에 조금의 시간이라도 자신의 내면의 문제와 근원의 문제에 접근하고, 노력을 하고 죽음을 맞이해야 한다. 그렇지 않고 그냥 죽어버리면 죽음 전과 비슷한 어려운 가상의 상황에서 이미 죽은 자가 죽을까 봐 두려워하면서 계속 힘들게 뛰어다녀야 한다.

그래서 자살하면 당신만 손해다.

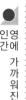

에고 위주로 살다 죽게 되면

어떻게 될까?

현재까지 많은 사람들이 몸을 중심으로 에고 위주의 삶을 살아왔고, 이렇게 삶을 살다가 죽음을 맞이하게 되면 다음과 같이 된다.

몸과 에고 중심적으로 사는 동안은 정신적으로 온통 그와 관련된 생각으로 움직인다. 자기 신체에 대한 여러 감정, 물질에 대한 소유욕, 자식에 대한 집중, 호감, 과시, 우월, 우정, 협력, 사랑, 차별, 적대성, 공격성, 미움, 원망, 미움, 서러움, 공포 등 다채롭고 다양하다. 여기에는 또한 여러 가지 고뇌와 번민, 고민 등이 포함된다.

이 중에서 특정한 고민이나 번민, 고민, 생각이나 감정을 강하게 갖고 있는 상태에서 죽음을 맞이하면 인간이 모두 갖고 있는 특성인 '집착'과 결합한다.

죽으면 인간의 몸과 에고는 대부분 사라진다. 그리고 집착을 갖는 혼의 일부가 저승계로 가게 되는데 지상계에서 스스로 만들었던 감정의 집착을 가지고 저승계로 가서 머무는 것이 귀신이다.

집착은 강한 목적성을 갖기 때문에 쉽게 흩어지거나 사라지지 않는다. 그리고 에고 위주의 삶에 의해서 만들어진 집착의 대상이 모두 물질과 사람 그리고 감정과 같은 지상에 존재하는 것이므로 저승으로 갔어도 계속 지상계에 살고 있는 집착의 대상에 연결하려는 특성이 자연 발생적으로 유지된다.

같은 기운끼리 서로 끌어당기는 것이다. 즉, 귀신이라고 하는 집착을 갖는 혼은 지상계를 완전히 벗어나지 못하고 떠도는 비물질적인 집합체이다. 그리고 나중에 더 이상 집착을 갖지 않는 혼은 귀신이라 말하지 않고 더 이상 물질 근처에서 떠돌지 않는다. 그러다가 집착을 버린 혼도 저승계에 머물다 결국 흩어져 절대계로 사라진다.

혼이 모두 사라지면 연관되었던 '영'은 다시 지상계의 새로운 에고와 다시 연관된다.

'영'이 반복적으로 에고와 연결되는 이유는 '영'에 축적되어 있는 간섭 반응이 주로 물질적인 요인으로 발생한 것이기 때문이다.

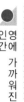

에고 위주로 살다 죽으면,

인간의 윤회는?

에고 위주로 살다 죽으면, 몸은 지상계에서 사라진다.

에고의 혼과 백도 대부분 지상에서 사라지면서 절대계로 간다.

고뇌와 번뇌, 번민, 객관성, 사색과 같은 '영'에 의해서 발생한 혼의 변형된 특성도 대부분 지상에서 사라진다.

에고에서 집착을 갖는 일부의 혼이 저승계로 간다. 집착은 인간만의 특이한 정신적 특성이다. 저승계로 간 집착이 있는 혼은 일정한 기간이 지나면 흩어지기 시작한다. '영'은 죽음 이후에 저승계로 간 집착을 갖는 혼의 상태에서도 연관되어 있다. 혼이 집착도 흩어지고 결국에 모두 흩어지면 '영'은 관련성이 있는 에고에 새롭게 연관된다.

윤회가 적용되는 방식은 다음과 같다.

물질인 몸의 윤회는 없다. 혼은 지상계와 저승계에 존재할 수 있지만 역시 윤회의 주체가 아니다. 혼은 윤회하지 않고 결국 모두 흩어진다. 따라서 인간이 스스로 느끼는 감정과 정신, 나라는 인식의 모든 것은 윤회하지 않는다.

하지만 경험이나 지적 활동은 비물질적 에너지이므로 혼이 사라질 때 바로 아무것도 없이 되는 것은 아니고 비물질적인 경험이나 정보는 윤회하지 않고 우주의 근원으로 가게 된다.

따라서 인간이 생각하는 참나와 같은 윤회하는 존재는 없다.

그러나 연속성을 의미하는 윤회의 특성은 있다.

'영'은 변하지 않고 존재하며 인간들의 각각의 '영'은 축적된 간섭 반응이 모두 다르기 때문에 그에 맞는 적합한 에고와 연동된다. 연동되면 영의 특성에 의해서 혼에서 변형된 특성이 발생한다. 영에 의해 에고에 발생하는 특성을 본성이라고 할 수 있다. '영'은 자신의 내부에 축적된 간섭 반응에 맞는 에고에 매번 연동되기 때문에 발생되는 변형된 특성도 매번 유사하다. 따라서 혼은 윤회하지 못하지만, '영'이 동일하기 때문에 비록 에고가 다르지만 발생하는 변형된 특성은 유사성을 띠게 된다. 따라서 '영'이 에고와 연동될 때마다 에고의 변형된 특성이 유사성이 있고 이것을 본성이라고 하면, 본성이 윤회한다고 표현할 수는 있다. 이것이 본성의 윤회적인 특성이다.

혼이 직접 윤회한다면 전생의 기억과 경험을 특별히 지우고 태어날 이유가 없다. 또한, 혼이 윤회를 계속하면서 발전을 해나간다는 설명도 있으나 그렇게 보기는 어렵다. 이유는 두 가지 때문이다.

첫 번째는 지금도 오지 원주민은 수백 년 전 이상의 예전 방식으로 변함없이 사냥하며 살아가고 있는데 이런 사람들이 현재도 원시적으로 사냥을 하고 있는 상황에서 혼이 윤회를 통해서 무엇이 발전되어 오는 것인지 불분명하다.

두 번째는 예전 조상들의 학문이나 형이상학적인 탐구와 정신적인 수준이 예상했던 것보다 매우 깊다. 지금의 현대인들이 많은 정보와 다양한 기술을 가지고 있는 것은 맞지만, 형이상학적인 정신 수준이 예전 사람들이 현대인보다 낮거나 뒤떨어진다고 단정할 수 없다.

윤회와는 다른 이야기로, 일부 문화권에서 전설과 같이 전해오는 이야기가 있다. 예를 들어, 특별한 경지의 정신 수련자가 죽음 이후에 다시 태어나는 것이 아니고, 이미 존재하는 다른 사람에게 옮겨가서 다른 사람의 몸을 가지고 자기가 그 정신 수련자라고 이야기하고 그 사람만이 할 수 있는 가르침을 준다는 이야기이다.

이것은 가능하다고 본다. 고도의 정신적 수련을 하면서 정신 집중을 하는 것도 일종의 고도의 집착이기 때문이다. 극한으로 가면 몸을 벗어나도 혼이 흩어지지 않는 상태로 정신력이 약한 상대에게 이전될 수 있다. 이런 경우 기존 상대방의 정신은 눌리고 새로운 강한 정신이 주도하게 된다. 혼이 이전된 후에 새로운 몸의 뇌를 사용해서 수련이나 가르침을 예전과 같이할 수 있다.

이런 상태가 저승으로 간 일반적인 귀신이나 혼과 다른 점은 귀신이나 혼은 원래 상태에서 일정 부분 흩어진 상태지만, 죽지 않은 상태에서의 혼의 이동은 정신이 흩어지지 않는 온전한 이전이다.

그래서 귀신이나 혼은 논리적인 대응을 잘하지 못하지만, 상대방으로 온전하게 이전된 혼은 기억, 설명, 경험을 이전 상태와 비슷하게 발휘할 수 있다. 이러한 경우는 나무의 '접목'과 유사한 방식으로 혼이 다른 곳으로 넘어간 것으로 설명할 수 있다.

최종적 고뇌가

남게 되면

인간은 마음속의 갈등을 대부분 파악하고 이해하고 나도, 아무런 희로애락이나 번민이 없는 상태로 삶을 살아가지는 못한다.

살아 있는 한 무언가 남아 있는 문제가 존재한다. 이렇게 인간에게 마지막까지도 남아 있는 그 무언가를 '최종적인 고뇌'라고 표현한다. 인간은 그렇게 최종적으로 남는 최종적인 고뇌를 궁금해하면 이번에는 긍정적인 의미에서 거기에 '집착'을 하게 된다.

이런 상태에서 인간은 죽음을 맞이해야 한다. 이것만이 진정으로 즐거운 죽음인 '호상'이다.

최종적인 고뇌에 집착하는 인간의 혼은 죽음 이후에 저승계로 가게 되는데, 지상계에서 근원으로부터 발생한 고뇌와 번민, 번민, 문제점에 대한 궁금증을 집착으로 가지고 저승계로 간다. 이미 설명한 대로 에고적인 삶을 살고 저승계로 간 집착이라면 지상계와 연결하는 특성이 있지만, 최종적인 고뇌에만 집착하는 바람직한 혼은 최종적인 고뇌가 물질이나 에고적인 것이 아니므로 더 이상 지상계와 연결되지 않는다.

인간이 각자 최종적인 고뇌와 번뇌, 번민만을 남기게 되면, 이것은 '영'이 갖는 '간섭 반응'과 관련이 있다. 그러므로 최종적인 고뇌는 자연스럽게 '영' 쪽으로 연동되려는 특성이 생긴다. 즉, 같은 기운끼리 끌어당기는 것이다.

이렇게 최종적인 고뇌를 갖고 있는 혼이 '영'과 가까워지면 '영'은 이제부터는 지상의 다른 에고와 또다시 연관되지 않는다.

이제는 긍정적인 의미에서의 집착과 '영'에 축적되어 있는 '간섭 반응'과 사이에서 상호 작용으로 점점 가깝게 연동된다. 집착의 내용이 '영'의 '간섭 반응'과 관련이 크기 때문이다.

이렇게 가깝게 되기 전에는 '영'과 혼 사이에는 비록 같은 비물질이지만 특성이 너무 크게 달라서 서로 가깝게 연결되지 않았지만, 이제는 서로의 특성이 비슷해졌으므로 가까워지면서 상호 작용이 일어난다.

이제는 '영'이 다가온 혼을 통해서 자신의 '간섭 반응'을 바로 알게 된다. 인간도 그렇듯이 '영'도 역시 동일하게 바르게 알면 원인에 접근해서 운용할 수 있다.

이제는 모든 것이 원래의 자리로 다시 자리 잡게 된다.

개인의 에고가 세계와 역사도 결정한다

인간 개개인이 살아가면서 만나고 영향을 서로 주고받고, 그런 교류는 사회적, 국가적 그리고 세계사적으로 확대되어 갑니다. 이런 모든 일의 출발점은 바로 개개인의 생각입니다. 이때의 생각은 에고의 영역에서 일어나는 작용일 것입니다. 그러나 나의 이해나 판단이 언제나 옳을 것이라는 전제로만 진행된다면 그것이 모든 문제의 작은 시작점일 수 있습니다. 우리의 에고에서 무의식적으로 스스로 허상(虛像)을 붙이고 삭제하면서 의식에 영향을 줄 수 있기 때문입니다.

개인이 이렇게 적용받게 된다면, 함께 만들고 유지하는 정치, 경제, 사회 등 모든 부분에서도 실제 사실과 함께 허상도 우리가 인지하지 못하는 방식으로 사회 운영에도 적용될 것입니다.

우리는 흔히 외부의 어떤 집단이나 개인 때문에 사회가 잘못되고 있다고 이야기합니다. 이런 이야기는 인류가 생긴 이래로 지금까지도 계속되고 있습니다. 외부의 누군가나 집단이 문제의 근원이라는 주장이 바르다면 정답을 바르게 알고 있는데도 왜 수많은 시간이 지나도 인간의 역사는 같은 문제를 계속 갖고 있는 것일까요?

모든 존재는 바르게 알면 변화되고 조정되고 새롭게 운영되는 것이 우주의 근본 이치입니다. 우선, 개인이 바르게 이해하고 바라보면 개인은 물론 사회도 모두 이제까지의 과거와는 다른 새로운 방향으로 진행될 수 있습니다.

다른 이야기를 추가하자면, 이 책의 중요한 출간 목적은 '미래 세계 철학'을 탐구하는 것입니다. 본문의 내용을 통해서 과거의 철학을 공부하는 것이 목적이 아닙니다. 오히려 옛것과 지금을 비교 분석해서 현재와 미래에 인간에게 직접적으로 도움이 되는 형이상학적 관점의 책이 되었으면 합니다.

앞으로 스스로 생각하고 판단하는 인공지능이나 기계와 인간이 다양하게 결합되는 과학기술 때문에 인간에 대한 정의가 모호해질 가능성이 있습니다.

그래서 미래는 기존의 철학만으로는 상황을 규정하고 정의하기가 어려워질 것입니다. 따라서 "미래에도 변함없이 적용되는 철학이 무엇인가?"라는 물음을 기초로 논의가 이루어져야 로봇을 만들든 인공지능을 개발하든 새로운 기준에 맞추어서 설계하고 정의하며 운영할 수 있습니다. 물질이 움직이기 전에, 먼저 비물질적인 '정신'에 관한 것이 논의되고 정의되어야 한다고 생각합니다.

"대체 어디까지를 인간이라 불러야 하는가?"는 곧 우리에게 다가올 질문입니다.

감사합니다.

사람과 신 그리고 산 위에 밝은해 씀

부록

고뇌와 번민,
사람의 미래다

천, 지, 인

 '천(天), 지(地), 인(人)'은 동양철학에서는 만물을 구성하는 요소로 '하늘, 땅, 사람'이라고 한다. 영어로 표현하면 'heaven, earth, man'인데, 단순히 우리가 눈으로 바라보는 하늘과 땅만을 의미하지는 않는다. 그리고 인(人)은 사람만으로 한정해서 생각할 수도 있고, 넓게는 생명체 전체로 보기도 한다. 인을 넓게 보는 경우에는 천, 지, 인을 각각 신의 세계, 물리적인 세상, 생명체로 이해하는 것이다.

 이 책에서는 천, 지, 인을 물질과 비물질의 관점에서 나누어 설명하면, '천, 지, 인'을 각각 '비물질, 물질, 물질과 비물질'로 인식한다. 그리고 영(靈)은 인(人)과 관련된 별도의 비물질로 인식한다.

 필자는 동물과 식물 같은 생물체를 천과 지가 만나서 만들어졌다는 기존의 설명 방식에는 동의를 한다. 천(비물질)과 지(물질)가 만나서 동물과 식물이 만들어지고 물질계인 지의 세상에 존재하는 것이다. 여기에서 천은 절대계를 의미한다.

 인간도 천(비물질)과 지(물질)가 만나서 만들어지고, 지의 세상에 존재하는 것은 동식물과 동일하지만, 인간에게는 추가적으로 영(靈)이 영향을 주어서 인간만의 특성이 발생한다. 이렇게 됨으로써 동물과 다르게 고뇌와 번뇌, 번민, 사색을 하게 된다.

이렇게 인(人)을 천과 지와 같은 수준으로 대우해서 별도로 설명하는 것은 인간만이 특별한 존재라고 생각해서일 것이다. 그 이유는 인간만이 영과 연관되는 존재이고, 그런 특성 때문에 고뇌와 번뇌, 번민, 사색이 가능한 유일한 존재인 생명체이기 때문이다.

절대계와 참나

지금까지 기존에 수많은 사람들이 '절대계'와 '참나'가 같은 것으로 생각하면서 만물에 모두 적용되는 것은 '절대계', 개개인에 적용되는 것을 '참나'라고 인식했으나 그렇지 않다.

더 정확하게는 '참나'는 존재하지 않는다.

이러한 판단 때문에 이 책이 만들어지게 되었다. 만약 절대계와 참나가 같다면 이 책에서의 설명은 기존의 생각과 유사하기 때문이다.

많은 명상, 종교, 철학과 수행자들이 절대적인 진리처럼 믿고 있는 전제가 있는데, 그것은 바로 절대계와 참나의 자리는 같은 영역이라고 인식한 것이다.

불교의 일부 논리로는 수행을 통해 깨달음을 얻으면 그곳이 바로 부처님의 세계이자 고요와 안식의 세계인 절대계가 된다. 열반의 세계에 도달한 것이 되며 참나를 찾고 보니 원래 있었던 것인데 에고의 탐진치로 인해 도달하지 못하고 알지 못한 것이 된다.

그리고 주위를 둘러보면 돼지나 모기나 모두 절대적인 상태를 갖는 불성(佛性)이 있는 존재가 된다. 이제 모든 것이 불성으로 이루어져 있음을 알게 되었고, 동물도 불성이 있으므로 함부로 살생하지 못하는 논리가 자연스럽게 발생한다. 즉, 에고를 넘어가면 그것이 참나가 있는 곳이며 절대계가 된다고 생각한다. 명상도 물론 이와 유사하다. 그러나 절대계와 참나는 아예 다르다. 그런데 왜 참나가 존재한다는 의견과 믿음이 그 오랜 세월 동안 굳건하게 유지되었을까?

'참나'는 절대계의 특성과 혼의 특성이 합해져서 하나의 독립적 개념으로 정립을 한 것이다. 참나나 아트만에 대해서 관심이 있는 사람은 그것의 특성을 말하거나 정의한 기존의 많은 설명들을 보면 알 수 있을 것이다.

그래서 지금까지의 대부분의 참나에 대한 기존 설명은 인간에게만 적용되지 않고 동물에게도 동일하게 적용된다. 그래서 기존 설명으로는 동물도 참나가 있다는 설명을 부정하기 어려워진다.

천과 지가 만나서 식물도 동물도 인간도 만들었다. 그래서 인간이나 동물이나 기본적 구성인 물질적인 몸과 비물질적인 정신으로 구성되는 것은 유사하며, 단지 구성의 복잡성과 수준에 차이가 있을 뿐이다.

정신적인 면에서는 동물은 절대계와 에고, 두 가지가 적용되지만, 그에 비해 인간은 절대계와 에고에 특별히 '영'까지 적용된다.

영은 기존의 참나와 내용과 의미가 다르고, 인간에게는 영이 몸 안에 존재하지 않는다. 따라서 인간이 죽으면 육체는 사라지고, 혼은 저승에서 존재하다가 역시 사라진다. 그러나 인간과 관련 있는 영은 인간의 정신이나 혼과 직접적으로 교류하지 않고 마치 지구가 태양의 중력의 영향을 받는 것처럼 간접적으로만 인간의 혼에 영향을 주기만 한다.

에고

에고(ego)에 대해 새롭게 다시 정의한다면, 기능적으로는 몸(물질)의 운용을 담당하는 운용 체계로 비물질이다.

에고의 기본적 구성은 혼(魂)과 백(魄)이며, 혼은 정신적인 작용을 담당하며, 백은 물질적인 부분을 담당한다.

에고는 절대계의 바탕 위에 운용되는 작은 단위 기능이다. 에고는 인간이나 동물이나 기능적 수준만 다르고 구조는 동일하다.

에고가 '영'의 영향을 받으면 변형된 부분이 발생하는데 이렇게 에고에서 변형된 부분에서 객관적인 시각, 사색과 같은 특성이 발생한다. 동물은 이 부분이 발생하지 않는다.

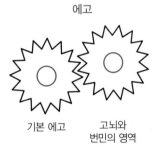

에고

기본 에고   고뇌와
번민의 영역

결과적으로 인간의 에고는 '기본 에고'와 '영'에 의해서 '변형된 에고'인 '고뇌와 번민의 영역'으로 두 가지가 공존한다.

이렇게 이 책에서 새롭게 정의한 에고와 비교하기 위해서 기존의 에고에 대한 설명을 먼저 살펴보겠다.

기존의 에고에 대한 설명은 크게 세 가지로 나뉜다.

첫 번째로, 서양 철학 쪽에서는 일상에서의 감각, 사고, 행동과 같은 모든 경험의 근본에서 경험을 통일하는 그 당사자 자신을 말한다.

두 번째로, 정신분석학에서는 에고를 '자아(自我)'라고 규정하며, 자신으로 생각하고 타인과 구별하는 의식되는 자기를 자아라고 한다. 이를 '의식과 전의식(前意識), 무의식적 방위를 포함하는 마음 구조'라고 규정한다.

정신분석학에서는 에스(es)라는 감정, 욕구, 충동, 과거에서의 경험과 같은 본능적인 감정 부분을 따로 구분한다. 그리고 '초자아(super-ego)'라고 의식과 무의식 모두에 존재하며 도덕, 윤리, 양심, 이상의 기능을 갖는 부분과 구분한다.

세 번째로, 일반인들은 에고를 '이기심을 갖는 나의 마음' 정도로 이해한다. 그래서 불교에서 일반인을 가르칠 때 "에고는 실체가 없는 나의 관념이니 무지를 벗고 바로 보게 되면, 에고의 고뇌가 지혜가 된다."고 설명한다. 유교나 기독교도 거의 동일하게 에고는 극복(克服)의 대상으로 생각한다.

고뇌와 번민

고뇌와 번뇌, 번민, 괴로움을 없애고 절대계의 세계, 열반의 세계, 참나의 세계, 천국의 세계로 가고자 하는 인간의 열망은 동서양의 모든 인류의 역사와 함께했다. 그래서 명상, 종교, 철학 그리고 지금껏 살아왔던 인간의 삶의 방식에도 심대한 영향을 주었다.

그렇게도 고뇌와 번민이 없는 유토피아(utopia)를 언제나 추구해 왔으나 지금까지의 노력과 관심에 비해서는 결과는 그다지 성공적이지 않았다. 옛날보다 지금 살고 있는 사람들이 많은 옛 성인들의 수행과 가르침이 있었기 때문에 이제 고뇌와 번민이 적어진 삶을 살고 있다고 말할 수가 없기 때문이다.

"과거의 노력과 수행의 과정에서 목표에 대한 '전제'가 일부 오류가 있었던 것은 아닐까? 그래서 노력의 '방향'이 맞지 않았던 것은 아니었을까?" 하는 새로운 시각과 전제로서 이 책에서는 "에고, 그리고 고뇌와 번민의 영역은 특성이 다르다!"라고 설명한다.

지금까지 동서양의 대부분의 명상과 수행에서는 이분법을 적용하고 있다. 비록 표현하는 단어나 설명 방법이 다르다고 해도 기본 구조는 동일하게 이분법적이다. 현재 나의 상태를 '에고'적인 상태로 보고 이 상태에서는 고뇌와 번뇌, 번민, 고통에 시달리게 되며, 명상과 수련을 통해서 에고를 극복하여 내 안에 존재하는 '참나', 즉 '절대계'에 도달하면 고뇌와 번민을 벗어난다는 논리를 기반으로 한다. 만약 기독교라면 '참나'가 아니고 내 안에 '성령'이 임하게 노력하고 기도하면 모든 고통에서 벗어난다고 한다. 이분법적 구조는 서로 차이가 없다.

예를 들어, 기존에는 이분법적으로 위와 같이 안쪽의 원은 절대계나 참나 혹은 '신의 세계'를 의미하며, 바깥쪽의 원은 에고의 세계나 물리적인 세계를 의미했다.

그러나 지금까지와 다른 인간 정신에 대한 새로운 그림은 위의 그림과 같다.

'사각형'은 인간의 몸의 '에고'이며 '혼'이다. 동물도 동일하다.

'절대계'는 사각형의 안과 밖 전체의 밑그림이다.

'원형'은 '영'으로 표현할 수 있다.

'직각삼각형'으로 그림에서는 파란색 직각삼각형이다. 고뇌와 번민의 영역으로, 객관적 시각, 사색이 발생하는 특징이 있다. 빗변의 경사면의 아래쪽은 물질적인 기본 에고 쪽이며, 위쪽은 영에 가까운 것이다. 그래서 인간은 정신적으로 언제나 경사면을 오르고 내리고 하게 된다.

직각삼각형은 원래 사각형이었으나 원형에 의해서 사각형의 일부가 직각삼각형으로 변형된 것을 의미한다. 원형과 직각삼각형은 서로 직접 접촉하지 않는다.

대부분의 인간이 인식하는 고뇌와 번민은 '기본 에고'와 '고뇌와 번민의 영역' 사이에서 2차적으로 발생하는 것이다. 이것은 영에 의한 1차적인 고뇌와 번민과는 성격이 다르다.

1차적인 고뇌와 번민은 객관적 시각, 사색과 동시에 발생하며 영의 영향에 의해서 자체적으로 발생하는 것으로 인간이 쉽게 인지하지 못하는 특성이다.

2차적인 고뇌와 번민은 대부분의 인간이 인식하는 대부분의 고뇌와 번민이며 기본 에고에서 외부 사건에 대해서 반응을 일어나면 그 반응에 대해서 고뇌와 번민의 영역에서 다시 2차적인 반응이 일어나면서 발생한다.

이 책에서는 1차적인 고뇌와 번민과 2차적 고뇌와 번민을 구분하지 않고 모두 고뇌와 번민으로 표현한다.

인간의 정신

지금까지도 동양에서는 인간의 정신을 영혼(靈魂), 백(魄)으로 나누어 구분하여 설명해 왔다.

지금부터는 이와는 다르게 다시 규정하고자 한다.

'영'은 근원의 우주적 정신이며 운영의 주체이지만 절대계나 절대신은 아니다.

'혼'은 인생을 살며 존재하지만 죽어 대부분은 '천'으로 사라지고 집착이 있는 일부는 저승의 세계로 간다.

'백'은 육신과 밀접하며 죽으면 지상에서 머물다 '천'으로 사라진다. 즉, 인간은 혼과 백이 있고, 영은 인간의 혼에 간접적인 영향을 준다. 영향을 받는 인간은 영으로 인해서 고뇌와 번민이 발생한다.

'혼'이 사람이 살면서 보고, 듣고, 느끼면서 '나'라고 하는 정체성을 스스로 느끼는 '정신'이라고 규정한다면 이것은 죽어서 일부분만 저승의 세계로 간다. 여기에는 '집착'이 포함된다.

동물은 다음과 같이 구성된다.

동물도 혼이 있고, 백이 있으며, 인간과 같이 에고도 있다.

동물의 혼과 백은 죽어서 저승의 세계로 가지 않고 모두 흩어져 절대계로 사라진다. 인간 같은 집착과 고뇌와 번민이 없기 때문이다.

인간의 비물질에 구조에 대해서 그림으로 다시 설명한다.

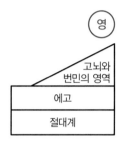

인간의 정신은 '절대계'와 '에고' 그리고 '고뇌와 번민의 영역'으로 존재한다. 그리고 영은 영향을 끼친다.

인간의 죽음 이후에, 위 그림에서 '절대계'는 우주의 이치 자체이므로 저승의 세상으로 가고 말고가 없이 변함없이 존재한다.

'에고'는 혼백을 담당하며 인간이 죽으면 지상에 남고 시간이 지나면 사라진다. 그러나 혼의 일부분이 저승의 세계로 가서 일정 시간을 머물다 사라진다.

'고뇌와 번민의 영역'도 인간이 죽으면 지상에 남고 시간이 지나면 사라진다. 그러나 일부분의 '고뇌와 번민'은 저승의 세계로 가서 일정 시간을 머물다 사라진다.

'영'은 인간의 에고에게 영향을 주어 고뇌와 번민의 영역이 생성되도록 하였으나 인간이 죽은 후에도 아무런 차이나 변화가 없이 원래 있던 상태로 존재한다.

저승계

저승의 도깨비나 귀신이 인간에게 와서 뭔가를 하려고 한다. 그러나 인간이 저승으로 자진해서 가지 않는다. 종교에서도 신이나 천사가 와서 인간에게 계시를 주거나 한다. 사탄마저도 인간을 유혹하고 자신을 지원하도록 감언이설을 한다.

'지상에서 살고 있는 인간이라는 존재'가 원래부터 죄가 있거나 무지하기 때문에 지상에서 어려움을 겪고 있는 상태라면 굳이 신이나 귀신들이 원죄가 있는 인간에게 관심을 가지고 계속해서 접촉할 이유는 없다. 그리고 반대로 인간이 죄에서 벗어나거나 진리를 깨달아서 좋은 곳으로 갈 존재라면 죄를 벗고 그 이후에 신을 만나면 된다.

혼이나 귀신같은 저승계의 존재들이 인간을 진정으로 그렇게 아끼는 것 같지 않다. 오히려 이 지상의 세상에서 몸(물질)을 가지고 살고 있는 인간만이 살아 있는 동안에만 할 수 있는 중요한 이유와 목적이 있고, 그것을 이루기 위해서 인간은 태어난다고 생각할 수도 있다. 그래서 저승계에 머무는 존재들은 살아가면서 달성해야 할 목적에 참여할 수 없는 입장이므로 어떻게든 간접적으로라도 참여해서 그 목적을 이루기 위한 집착을 가지고 계속 인간하고 연결한다.

저승계에는 집착을 갖는 혼과 집착이 기의 사라진 혼이 있다. 그러나 사탄이 따로 있다고 보지 않는다. 인간이 태어나는 목적은 자신의 근원적인 문제점을 지상에서 해결하기 위함이다. 그런데 지상에서 살아가면서 나타나는 부정적인 현상의 원인을 이해하지 못했던 과거의 인간들이 부정적인 현상의 원인을 사탄이라는 가상의 외부 대상을 만들어서 사탄의 탓이라고 돌려 버린 것이다.

저승계에서 집착을 갖는 혼은 지상에 대한 집착이 있으므로 계속 지상에 연결을 한다. 그러나 집착이 거의 사라진 혼은 물질도 없고 집착도 거의 없으므로 가볍게 된 존재로서 우주의 이치에 가장 적합하게 순응되면서 '천'으로 사라지기 전까지 우주의 이치에 따라서 스스로 작용을 지상계에 한다.

이와는 다르게 혼이 지상에서 자신의 고뇌와 번민을 대부분 이해하고 털어버리고 최종적으로 남은 고뇌와 번민에 대해서 집착을 갖고 저승계로 간다면 이때는 전혀 다른 상황이 펼쳐진다. 이에 대한 설명은 6부 죽은 후의 미래에 있다.

우주의 이치는 하나의 대원칙이지만, 그 안에서는 상황에 따라 아주 세밀하고 다양한 적용이 있다. 지금도 자연에 수많은 동식물을 바라보면 그것은 바로 알 수 있다.

　참고로 위에 보이는 프랙털(fractal)은 하나의 간단한 예이다. 복잡하면서도 그 속에 하나의 질서를 지닌다. 복잡하고 다양해 보이는 자연 현상도 간단한 규칙으로부터 만들어진다.

　이 경우에 어느 부분을 선택하여 확대해도 전체의 모양과 같은 모양을 얻을 수 있다.

그림 설명

기본 에고

영

고뇌와 번민의 영역

영(靈)으로 인하여 에고에서 '고뇌와 번민의 영역'의 발생한 모습이다. 그림으로 설명을 하면, 보이지 않지만 정사각형은 '기본 에고'이고, 직각삼각형(파란색 직각삼각형)이 영 때문에 에고에서 발생한 '고뇌와 번민의 영역' 그리고 원형이 '영'이다. 원형과 직각삼각형은 서로 떨어져 있다.

기본 에고

영

고뇌와 번민의 영역

에고가 영에 의해 '기본 에고'와 '고뇌와 번민의 영역'으로 나뉜 것을 나타낸 그림이다. 영에 의해 영향을 받아 새롭게 발생된 에고를 '고뇌와 번민의 영역'이라 하고, 영향을 받지 않는 원래의 에고를 '기본 에고'라 한다. 정사각형 안팎의 모든 부분이 '절대계', 사각형이 '기본 에고', 파란색 직각삼각형은 '고뇌와 번민의 영역' 그리고 원형은 '영'이다.

에고

기본 에고   고뇌와
          번민의 영역

에고의 상태를 보여주는 그림으로, 왼편은 '기본 에고'이며, 오른편은 영으로 인해서 에고에서 새롭게 발생한 '고뇌와 번민의 영역'이다. 왼쪽의 '기본 에고'는 주관적, 이기적, 자기중심적인 특성이 있고, 오른쪽의 '고뇌와 번민의 영역'은 객관적, 사색적, 번민적인 특성이 있으므로 서로 다른 두 가지 특성이 내면에서 부딪힌다.

참나
에고

기존에 일부 종교나 명상계에서 인식하는 이분법적인 인간의 정신적 구조이다. 그림으로 설명해 보면, 안쪽의 원형은 '참나' 또는 '절대계'이고, 바깥의 원형은 '에고'를 의미한다.

영

고뇌와
번민의 영역

에고

절대계

제일 아래 직사각형은 모든 만물에 모두 존재하고 인간의 정신세계의 가장 근본인 '절대계', 그 위에 직사각형은 '에고', 직각삼각형은 '고뇌와 번민의 영역' 그리고 원형은 '영'이다. 구성을 수직적으로 표시한 것이다.

프렉탈

우주의 단일성과 다양성을 설명하기 위해 프 랙털(fractal) 그림을 예로 들었다. 간단한 구조 가 반복되면서 결국 복잡해 보이는 구조를 만 들어 내는 프랙털은 복잡한 듯 보이지만 그 속에는 하나의 질서를 지니고 있다. 그래서 어 느 부분을 선택하여 확대해도 전체의 모양과 같은 모양을 얻을 수 있다. 이러한 성질을 '자 기 유사성(self-similarity)'이라고 하며, 자기 유 사성을 갖는 기하학적 구조를 '프랙털 구조'라 고 한다.

고뇌와 번민의 영역

인간만이 갖고 있는 '고뇌와 번민의 영역'이다. 에고의 일부분이 변형된 형태로 에고의 특성 과는 다르게 고뇌와 번뇌, 번민, 객관적 시각, 사색과 같은 특성이 발생한다. 그림으로 설명 해 보면, 보이지는 않지만 정사각형은 '기본 에고', 직각삼각형이 '고뇌와 번민의 영역'이다.

'영'으로서 '영'은 절대계, 절대적인 상태, 우주의 근원의 이치가 아니며 참나도 아니다. 오히려 영은 절대계의 범위 안에서 존재한다. 인간 존재의 근원으로서 인간의 본성을 만드는 근본 원인이 된다. 그림으로 설명해 보면, 원형이 '영'이다.

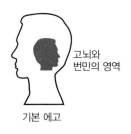

고뇌와
번민의 영역

기본 에고

고뇌와 번뇌, 번민, 사색을 마음속에서 느끼는 인간의 상태를 표현한 그림이다.

고뇌와 번민의 영역

최종적인 고뇌에 대하여 집착을 가진 혼이 저승계로 가면 '영'의 '간섭 반응'과 특성이 같아서 같은 기운끼리 서로 가까워진다. 그림으로 설명해 보면, 보이지 않지만 정사각형은 '기본 에고', 직각삼각형(파란색 직각삼각형)이 '고뇌와 번민의 영역', 그리고 원형이 '영'이다. 원형과 지가삼각형이 서로 근접히여 간격이 줄었다.

고뇌와 번민 속에서 답을 찾다!

고뇌와 번민, 사람의 미래다

초판 1쇄   2017년 07월 26일

지은이   사람과 신 그리고 산 위에 밝은해
발행인   김재홍
편집장   김옥경
디자인   이유정, 이슬기
교정·교열   김진섭
마케팅   이연실

발행처   도서출판 지식공감
등록번호   제396-2012-000018호
주소   경기도 고양시 일산동구 건달산로225번길 112
전화   02-3141-2700
팩스   02-322-3089
홈페이지   www.bookdaum.com

가격   15,000원
ISBN   979-11-5622-296-5 03110

CIP제어번호   CIP2017014638
이 도서의 국립중앙도서관 출판도서목록(CIP)은 서지정보유통지원시스템 홈페이지(http://seoji.nl.go.kr)
와 국가자료공동목록시스템(http://www.nl.go.kr/kolisnet)에서 이용하실 수 있습니다.